종교란
무엇인가

Religion in the Making: Lowell Lectures, 1926
by Alfred North Whitehead

Copyright ⓒ 1926 The Macmillan Company
Korean Translation Copyright ⓒ 2015 April Books Publishing Co.

종교란 무엇인가

1판 1쇄 발행 2015년 8월 20일
　　2쇄 발행 2023년 3월 30일

지은이 알프레드 노스 화이트헤드
옮긴이 문창옥
펴낸이 안희곤
펴낸곳 사월의책

편집 박동수
디자인 김현진

등록번호 2009년 8월 20일 제2012-118호
주소 경기도 고양시 일산서구 중앙로 1388 동관 B113호
전화 031)912-9491 ｜ 팩스 031)913-9491
이메일 aprilbooks@aprilbooks.net
홈페이지 www.aprilbooks.net
블로그 blog.naver.com/aprilbooks

ISBN 978-89-97186-42-6 93200

* 책값은 뒤표지에 있습니다.

종교란
무엇인가

알프레드 노스 화이트헤드

문창옥 옮김

사월의책

차례

역자 서문   7

서문   27

1장 역사 속의 종교

1. 종교의 정의   31

2. 종교의 출현   36

3. 제의와 정서   38

4. 믿음   41

5. 합리주의   45

6. 인간의 향상   53

7. 마지막 대비   57

2장 종교와 교리

1. 역사 속의 종교적 의식   63

2. 종교적 경험에 관한 기술   72

3. 신   81

4. 신에 대한 탐구   86

3장 신체와 정신

1. 종교와 형이상학　95
2. 형이상학에 대한 종교의 공헌　98
3. 형이상학적 기술　102
4. 신과 도덕적 질서　111
5. 가치와 신의 목적　117
6. 신체와 정신　123
7. 창조적 과정　130

4장 진리와 비판

1. 교리의 발전　143
2. 경험과 표현　150
3. 세 가지 전통　156
4. 신의 본성　164
5. 결론　173

찾아보기　177

1

우리는 종교를 어떻게 이해하는가? 그에 대한 개념적 합의는 있는 가? 종교의 본질과 관련된 이 초보적인 물음은 종교적 실천에 따르는 개개인의 주관적 차원까지 마땅히 고려해야 한다는 요구에 직면하게 될 때 즉답하기 어려운 최종적인 물음으로 뒤바뀐다. 이는 흔히 미신으로 치부되는 원시종교와 고등종교 간에는 물론이요 고등종교 간에도 상대방의 신념이나 이에 따른 표현과 행위 등을 놓고 그 종교성 여부를 의심하는 논란의 원천이 된다. 또 최근의 일이지만 어떤 측면에서 고등종교의 초기 모습과 비슷하게 보임에도 불구하고 오늘날 '컬트'라는 이름으로 일컬어지는 문화 현상은 어떻게 이해해야 하는가?

우리의 물음은 어쩌면 고전적 의미의 본질주의가 심각하게 의문시된 지 오래된 지금에 다시 묻기에는 불편한 물음일지 모른다. 일

---

* 이 서문은 몇 해 전 '영성과 현대'라는 부제로 출간된 『가톨릭철학』 제11호(2008)에 게재되었던 졸고 「종교적 경험의 본질과 합리성: 화이트헤드의 경우」의 내용 가운데 일부를 부분적으로 발췌하여 풀어 쓴 것이다.

부 학자들은 종교에 대한 고전적 의미의 정의는 불가능하다고 말한다. 다양한 종교의 역사가 보여주듯이 종교 현상은 당대의 문화와 상호 영향을 주고받는 가운데 끊임없이 변모해 왔기 때문이다. 이들에 따르면 우리가 여기서 찾을 수 있는 것은 기껏해야 '가족 유사성'(family-resemblance)[1] 정도이다. 이 개념은 다양한 종교들이 지니고 있는 부분적인 공통성을 부각시키는 데 유용할 뿐 아니라 종교 간 대화가 요청될 때 그 적절한 문맥을 제공하는 데에도 도움이 될 것이다.

하지만 더 급진적인 주장을 하는 이들도 있다. 이들은 종교라는 개념 자체의 정당성이나 유용성까지 의심한다. 종교의 개념은 역사적 추이를 따라 변천해 왔기 때문에 얼핏 보는 것처럼 그 개념에 대한 정의가 종교의 이해에 도움이 되는 것도 아니요 정당한 것도 아니라는 것이다. 나아가 종교는 인간의 삶과 사유에 밀접하게 연관되어 있어서 이 문제를 고립시켜 논하는 것 자체가 불필요한 일이라는 주장도 뒤따른다. 사실 종교와 도덕 사이에, 종교적 신앙과 인간적 희망 사이에, 그리고 종교와 세계관 사이에는 늘 밀접한 연관이 있었다. 이런 사실들에 주목할 때 구체적인 삶과 사유방식을 떠나 종교만을 고립시켜 문제 삼는 것은 이상한 일이 될 수 있을 것이다. 그

1　비트겐슈타인이 고전적 의미의 본질을 대체하는 개념으로 사용한 표현이다. 본질은 특정 종의 사물들이 공유하는 보편특성으로 간주되어 왔다. 하지만 비트겐슈타인은 이런 보편특성은 문법적 허구(grammatical fiction)이며, 종적 구성원들 간에는 마치 가족 구성원들의 경우처럼 그들 모두가 공유하는 특성은 없고 부분적으로 중첩되고 부분적으로 상이한 그런 특성 정도가 있을 뿐이라고 주장한다. (이하 역자 서문 및 본문의 모든 각주는 역자 주이며, 저자 주는 본문 안에 표시한다.)

러나 그렇기는 하지만 이처럼 삶이나 사유방식과의 연관 속에서만 종교를 논하게 되면 종교라는 개념은 그 동일성이 해체되어 더 이상 정의되거나 설명될 수 없고 역사적, 문화적 맥락을 따라 단지 기술되고 해석될 수 있을 뿐인 말이 될 것이다.

우리가 이제 역서로 대하게 될 이 책 『종교란 무엇인가』(*Religion in the Making*)는 고전적인 이해방식을 부분적으로 고집하고 있는 화이트헤드의 답변을 담고 있다. 그는 고전적 의미의 본질철학을 비판적으로 해체하고 존재를 생성의 사건으로 재구성하여 이해하고자 했던 철학자이다. 그런 까닭에 그의 세계 그림은 역사의 흐름을 거스르고 동일성을 유지하는 존재를 허용하지 않는다. 종교 역시 예외일 수 없다. 그러나 그는 역사의 흐름을 따라 추적해 볼 수 있는 동일성, 말하자면 유기체적 동일성(organic identity)은 있다고 보았다. 적어도 그는 종교와 종교적 경험의 핵심 요소가 무엇이며 종교는 우리 인간의 삶에서 어떤 의미가 있는가 하는 물음에 일정하게 답하고 있다. 다소 낯설게 보이는 원제목 "Religion in the Making"이라는 표현에는 이를 담아내기 위한 그의 고심이 담겨 있다. 이 표현에는 종교란 인간의 본성이 '참여하여' 만들어 가고 있는 것, 그러나 또한 그렇기에 인간이 '임의로' 만들어 낼 수는 없는 것이라는 의미가 함축되어 있다. 여기서 인간은 종교의 원천이 되는 특수한 '개별 경험의 감내자(sufferer)'인 동시에 종교의 발전을 이끄는 '합리적 반성의 주체'로서 참여한다. 전자가 역사적 세계에 속한 인간이 겪을 수밖에 없는 개별 사태라면 후자는 인간을 넘어 존재 전체에 파급되는 보편성을 이끌어 낸다. 화이트헤드가 보는 종교는 이 두 가지 요인의 상

호작용의 산물이다. 그렇기에 종교는 결코 인간의 자의적 구성물일
수 없다.

2

최근에 존스(Judith A. Jones)는 이 책 『종교란 무엇인가』를 새로이 편
집·출판하면서 편집자 서문 첫머리에 "언제나 단순한 삶의 사실 너
머에 존재하는 삶의 질이 있다."(90)[2]는 본문의 한 구절을 인용하고
는 화이트헤드의 이 저술에는 "가치의 형이상학적 실재와 의미에 관
한 화이트헤드의 철학적 사유"가 담겨 있다고 평가하고 있다.[3] 실제
로 우리는 이 저술에서 가치의 근원에 대한 시사적인 언급들을 곳곳
에서 찾아볼 수 있다. 예컨대 화이트헤드는 "종교적 의식(conscious-
ness)의 순간(moment)은 자기평가에서 시작된다."고 말하면서 종교
의 세 가지 구성요소로 '개체 그 자체의 가치, 개체 상호 간의 가치,
객관적 세계의 가치'가 이런 "자의식의 어느 한 순간"에 동시에 나
타난다고 주장한다(73). 따라서 이 저술이 종교적 경험의 본질과 가
치경험과의 관계를 핵심 논제의 하나로 다루고 있다는 것은 분명하
다. 하지만 이 저술은 가치 일반을 직접적으로 문제 삼고 있지 않다.
저술 곳곳에 '가치'라는 용어가 수없이 등장하지만 그 개념에 대한

---

2   괄호 안 숫자는 이 책의 본문 쪽수이며 이하에서 동일하다.

3   Judith A. Jones (ed.), "Introduction", *Religion in the Making* (New York: Fordham Uni-
versity Press, 1996), p. ix.

분석적인 기술은 찾아볼 수 없다. 이는 이 저술이 가치를 말하기 위한 것이 아니라 어디까지나 종교를 말하기 위한 저술이기 때문일 것이다.

또한 일부 학자들이 지적하고 있듯이 화이트헤드는 종교를 문제 삼으면서 제한된 자료와 이해에 의존하였고 종교 문제를 반복해서 거론하지만 이 주제에 전념하지 않았다는 것도 사실이다. 화이트헤드는 종교 그 자체의 문제보다는 종교적 경험의 특수성과 철학적 반성의 보편성, 요컨대 종교와 철학 간의 관계 문제에 더 주목하고 있었다. 이 책『종교란 무엇인가』의 서문에서 그는 이를 명시적으로 언급하고 있다.『과학과 근대 세계』(Science and the Modern World)[4]에서 과학에 적용했던 철학적 사유를 여기서는 종교에 적용하고 있다는 것이다.

그렇다면 화이트헤드가 철학자로서 종교와 종교적 경험에 대해 품고 있던 구체적인 생각은 무엇인가? 그의 초기 언급에서 시작해 보자. 이를 짐작할 수 있는 초기의 표현은『과학과 근대 세계』에서 찾아볼 수 있다. 그는 다음과 같이 말한다. "종교는 눈앞에서 변화하고 있는 유동적인 사물들의 피안, 배후 그리고 그 내부에 있는 그 무엇, 실재하면서도 실현되기를 기다리고 있는 그 무엇, 머나먼 저 편의 가능태이면서도 최대의 현실적 사실인 그 무엇, 변화하고 있는 모든 것에 의미를 부여하면서도 좀처럼 파악되지 않는 그 무엇, 그

---

4   A. N. Whitehead, *Science and the Modern World* (New York: Macmillan Company, 1925). 이하 SMW로 약칭.

소유가 궁극적인 이상이 되면서도 그것에 대한 탐구가 가망이 없는 일이 되고 마는 그 무엇에 대한 통찰이다."(SMW 275)

내가 이 진술을 택하여 인용한 까닭은 종교에 대한 초기의 언급임에도 불구하고 화이트헤드가 다른 여러 저술에서 가장 자주 언급하는 표현들이 들어 있어서 종교에 대한 그의 기본적인 생각을 짚어보는 데 효과적이기 때문이다. 간단히 정리하자면 '유동적인 사물 배후에 있으면서 이들과 관련되어 있는 궁극적인 무엇인가에 대한 통찰'이란 표현이 그것이다. 그런데 화이트헤드는 여기서는 물론이요 다른 곳에서도 종교를 논할 때 누구나 기대할 법한 것으로 보이는 신이라는 표현을 잘 사용하지 않는다. 포드(Lewis Ford)가 지적했듯이 아마도 화이트헤드는 현존하는 종교 공동체들이 품고 있는 신의 특수한 이미지는 종교를 이해하는 데 걸림돌이 된다고 보았기 때문일 것이다. 무엇보다도 그런 이미지는 "탐구의 모험을 질식시키고 낡은 폭력의 심리를 영속화한다."는 것이다.[5] 그래서 시종일관 화이트헤드는 종교의 핵심이 우리가 모호하게 파악하는 도달할 수 없는 어떤 것이긴 하지만 도달하게 될 때 궁극적 선이 되는 어떤 것에 대한 통찰이라고 역설하면서 이런 '고귀한 소망'을 향한 모험을 억압할 때 종교는 죽는다(SMW 276)고 단언하고 있다.

이 궁극적인 무엇인가를 탐구하고 또 열망하는 경험은 우리의 일상적인 경험에 속한다. 물론 화이트헤드는 궁극적인 것에 대한 이런

5　Lewis Ford, *The Emergency of Whitehead's Metaphysics* (New York: SUNY, 1984), pp. 107-108.

통찰, 곧 종교적 의식(consciousness)에 이를 수 있는 각별한 경험의 계기가 있다는 것을 인정한다. 하지만 이런 탐구나 열망은 어디까지나 속세적인 것에, 즉 일상의 경험에 깊숙이 뿌리를 내리고 있다고 보았다. 사실상 종교가 정서적 경험을 포함하는 우리의 일상적 경험과 더불어 그 여정을 시작하지 않는다면, 그래서 관념적 추상의 공간을 배회한다면 구체적 실천의 현장에서 관심의 대상이 되기 어려울 것이다. 더구나 그런 종교는 특수한 삶의 상황에 대한 반응에서 생겨난 여러 종교적 실천과 관행을 무의미하게 만들 것이다. 실제로 우리는 플라톤이 생각했던 종교에서 이런 사례를 발견할 수 있다. 서구 세계에서 플라톤은 의인관적으로 표현되고 있던 그리스 신들로부터 종교를 해방시키는 길을 열었다. 그는 진정한 종교는 정서적 관심을 넘어서는 더 근본적인 물음에 관심을 가진다고 보았다. 그는 변전하는 자연 세계로부터 벗어난 실재의 보편적 속성들을 파악하려는 철학적 욕구의 연장선상에서 종교를 생각하고 있었던 셈이다. 그러나 그는 당시 통용되고 있던 종교에 대한 이해와 그 자신이 생각하는 종교를 날카롭게 구별함으로써 감각의 세계와 유리된 종교이론을 구축한 결과, 유감스럽게도 종교와 구체적인 삶과의 연결고리가 제거되고 말았다. 그가 그의 시대의 종교적 관행과 믿음으로부터 진정한 종교를 분리시키려 한 데에는 여러 가지 이유가 있었지만 그의 이런 완강한 태도는 종교를 소수 특권적 엘리트의 지적 대상으로 만드는 결과를 초래하였다. 하지만 화이트헤드가 생각하는 종교는 여러 가지 형태로 경험되고 구체적인 방식으로 표현되는 일상적인 삶의 공간 내에서 모호하지만 '그 이상의 어떤 것'을 추구하게 되면서 시작된다. 그는 경험론자였다.

그런데 궁극적인 무엇인가에 대한 희구와 열망은 우리로 하여금 우리를 둘러싸고 있는 다양한 상황에서 벗어나 '고독'이라 부르는 독특한 경험에 이르게 한다. "종교는 개체로서의 인간이 자신의 고독으로 이루어 내는 것이다."(33) 여기서 고독은 소속감이라는 선행 경험과의 단절을 의미한다. 그것은 우리에게 우리의 개체성을 자각하게 한다. 그리고 "이루어 낸다"는 말은 개체로서의 인간 의식이 사물의 본성에 있는 궁극적인 것, 영속적인 것과 관계 맺는 방식을 표현한다. 화이트헤드는 이런 경험을 종교의 핵심적 요인 가운데 하나로 간주한다. 종교의 본질은 공적인 교리나 실천 또는 제도가 아니라 "자기 자신을 위해 오로지 자기 자신에게만 의식적으로 주목한다는 경이로운 사실"(33)과 마주칠 때 드러난다는 것이다. 이때의 개체성은 사회적 관계성에 대한 그 이전의 전의식적(pre-conscious) 경험에서 한 걸음 더 나아간 성격의 것으로, 초월적인 것에 대한 탐구에서 우리를 한 단계 더 끌어올리는 것임에도 불구하고 현실적으로 전종교적(pre-religious)인 것이다. 왜냐하면 개화된 종교에는 고독 가운데 단순히 잠재되어 있으나 우리가 자신의 개체성을 자각하게 됨에 따라 발전하게 되는 '그 이상의 어떤 것'을 지향하는 합목적적 의식이 들어 있기 때문이다.

그런데 종교에 대한 근대의 일부 비평가들은 종교가 '그 이상의 어떤 것'에 대한 이런 희구의 경험을 먹이로 삼는다 하여 비난하는 경우가 종종 있었다. 프로이트는 종교의 원천을 정서적 위안, 특히 재난, 사고, 질병 등 우리를 둘러싸고 있는 온갖 자연적 악으로부터 안위를 얻으려는 데 있는 것이라고 보고, 종교가 그 가르침과 실천을 통해 인간의 미성숙을 영속화하고 있다고 비난한다. 그는 종교를 우리가 성숙하고 건강한 어른이 되기에 앞서 반드시 치유해야 할 유아적 신경증으로 간주하였다. 그리고 마르크스는 종교가 인간의 삶에서 불운한 운명을 인정하도록 설교하고 인내, 겸양, 자기부정의 미덕을 찬양함으로써 인간을 노예로 만들고 있다고 비난한다. 그의 주장에 따르면 종교는 우리의 소외의 실재적 원인을 보지 못하게 하고 삶의 경제적·정치적 조건을 개선할 의지를 억누른다. 또한 니체는 종교, 특히 기독교가 노예의 도덕을 찬양하는 가운데 주인의 도덕을 억압해 왔다고 비판한다. 기독교가 중시하는 동정, 자비, 박애, 친절 등과 같은 덕목은 약자에게 이익이 되는 실리의 덕목이요, 그래서 노예의 덕목이다. 이들은 인간의 본능적인 충동에 대한 부정적인 심리적 태도를 만들어 내고, 그 본능이 지닌 진정한 가치인 힘에 대한 긍정을 악으로 규정함으로써 가치를 전도시켜 왔다는 것이다.

이들 비평가들은 종교가 궁극자에 대한 열망과 탐구의 경험에서 발원한다는 화이트헤드의 생각을 엿볼 기회가 있었더라면 전면에서 거부하였을 것이다. 아니면 적어도 그러한 경험은 종교에 의해 오역되고 오도되고 있다고 보았을 것이다. 그러나 전반성적(pre-reflective) 출발점으로서의 삶의 이런 경험들은 사실상 인간 삶 그 자체의 부분이다. 융은 종교가 정서적 필요에 기초하고 있다는 프로이트의 견해에 동조하는 한편, 이런 욕구가 인간의 본성에 토대를 두고 있기에 이를 부정하게 될 때 오히려 신경증을 유발하지 않을 수 없다는 점을 프로이트가 간과하였다고 비판한다. 그러므로 필요한 것은 프로이트가 주장하듯이 종교를 폐기하는 일이 아니다. 실제로 문제가 되는 것은 그런 욕구에 우리가 어떻게 반응할 것인가 하는 것이다. 화이트헤드는 이런 반응이 바로 우리가 마음에 품게 되는 종교의 종류를 결정할 것이라고 보았다. '그 이상의 어떤 것'에 대한 인간의 열망이나 희구에 대한 우리의 반응은 프로이트나 마르크스가 혹독하게 비난하고 있는 형태일 필요가 없다. 더구나 화이트헤드는 우리가 개체로서 경험하는 고독을 출발점으로 하는 종교는 개체로서의 인간의 내면을 변화시키는 적극적·긍정적 기능을 가진다고 생각한다. 왜냐하면 종교의 일반적 진리는 단순히 향유되거나 숙고되는 데 그치지 않고 우리의 내면을 정화하는 힘을 동반하기 때문이다. "종교는 인간의 내면을 정화하는 믿음의 힘"(33)이라는 것이다. 그래서 종교적 진리는 우리 인간을 정당화해 준다. 화이트헤드는 이런 '정당화'(justification)를 종교의 기초라고 생각한다. 그에 따르면 정당화란 누군가의 성품이 그 자신의 신념에 따라 개발되는 것을 의미한다. 그가 진실성(sincerity)을 기본적인 종교적 덕목 가운데 하나라고 말하는 것도 이런 맥락에서이다. 화이트헤드는 종교의 이론적 측면, 즉 일반적 진리의 체계조차도 이들 진리가 진지하게 수용되고 생생하게 파악되는 한, 우리의 성품(character)을 변형시킬 뿐 아니라 나아가 그 도덕적 역량을 통해 사회의 변형을 촉진할 것이라고 말한다. 종교에서 도출되어야 하는 것은 성품의 개별 가치이다. 그러나 화이트헤드는 이런 가치가 긍정적일 수도 부정적일 수도 있다고 경고한다. 종교는 필연적으로 선한 것이 아니며, 따라서 악일 수도 있다(34)는 것이다. 이는 다소 놀라운 진술이긴 하지만 어쩌면 더 현실적인 진술이라 할 수 있을 것이다.

그런데 이처럼 화이트헤드가 반복해서 한편으로는 개체로서의 인간이 겪는 고독의 경험을 강조하면서 개인 그 자체의 궁극성에 주목하는 동시에, 다른 한편으로는 공동체 종교에 대해 기본적으로 부정적인 태도를 견지한 채 종교가 기본적으로 사회적인 것이라는 생각과는 일정한 거리를 두고 있는 것처럼 보인다는 점에서 그가 결국 종교를 개인주의적으로 해석하고 종교의 사회적 원리를 단적으로 거부하고 있는 것이 아닌가 하는 의심을 받는 경우가 있었다. 실제로 화이트헤드는 그가 공동체적 종교(communal religion)라고 부르는 것을 넘어설 때, 즉 한 사회의 신화와 집단적 제의(rituals), 정서와 믿음으로 이루어지는 발전의 국면을 넘어설 때 비로소 종교적 의식(consciousness)이 출현한다고 주장한다. 이런 점에서 그가 개체성을 상당히 강조하고 있다는 것은 분명하다. 하지만 화이트헤드가 이 개념을 통해 궁극적으로 말하고자 하는 것은 보편적 종교의식의 출현 조건이다. 앞서 언급했듯이 우리가 경험하는 고독은 우리를 둘러싼 직접적인 환경과의 단절에 뿌리를 두고 있다. 그런데 화이트헤드는 바로 이런 직접적인 환경과의 분리 내지 절연이 종족적이거나 사회적인 것과 구별되는 보편적인 종교적 의식의 출현을 위해 필수불가결한 것이라고 보았다(63). 이것은 무슨 말인가?

우리는 계승된 문화의 전통과 관습의 굴레에서 벗어나 고립된 개체로 존재할 때 종교적 존재가 된다. 이때 우선 무엇보다도 우리는 우리 내면의 가장 중요한 관심사와 직면하게 된다. 또한 이때 우리는 사회적 관습과 권위가 '그 이상의 어떤 것' 또는 '궁극적인 것'에

대한 회구에 부응하기 어렵다는 것을 깨닫게 된다. 여기서 마주하게
되는 물음은 "가치의 측면에서 삶의 성취란 무엇인가?"(74) 하는 것
이다. 이것은 화이트헤드가 종교적 의식의 계기로 거론하는 "자기평
가"(73)의 산물이다. 이 최초의 자기평가는 "서로 강화하거나 파괴
하는 조정된 가치들의 영역으로서의 세계 개념으로 확장"(73)되며,
이 세계는 개인들 상호 간의 가치와 객관적 세계 그 자체의 가치도
포함한다. 이렇게 삶의 가치에 대한 물음에서 시작되는 개인의 종교
적 물음은 화이트헤드가 "세계충성"(world-loyalty), 또는 고독한 개인
그 자신이 던지는 "개별적 요구와 객관적 우주의 요구의 혼합"이라
부르는 것을 결과한다. 개인의 "정신은 곧바로 이 보편적 요구에 복
종하고 그것을 자신의 것으로 만든다."(74) 따라서 비록 종교적 의식
의 계기가 자기 의식적 평가에서 출발하기는 하지만 그것은 서로 강
화하거나 파괴하는 조정된 가치들의 영역으로 확대됨으로써 공동체
에서 공유될 수 있고 또 검증될 수 있는 보편적 사회 원리로 거듭나
게 된다. 사실상 화이트헤드는 절대고독의 현실적 가능성을 부정하
면서 다음과 같이 쓰고 있다. "각각의 존재는 자신의 환경을 필요로
한다. 따라서 인간은 자신을 사회로부터 격리시킬 수 없다."(154) 그
렇기에 또한 내밀하게 인식되는 것은 공동체 속에서 향유되어야 하
며 공동체 속에서 검증되어야 한다(155). 결국 화이트헤드가 역설하
는 고독의 경험은 개인성에 갇혀 있는 것이 아니라 사회적 보편의식
에 이르는 불가결한 통로라고 할 수 있다. 따라서 종교에 대한 화이
트헤드의 논의는 종교에 대한 개인주의적 해석으로 간주되거나 종
교의 사회성을 무시하고 있는 것으로 이해되어서는 안 된다.

3

'고독'의 경험이 화이트헤드가 생각하는 종교의 한 가지 핵심 요소라면 '합리성'(rationality)은 그 두 번째 핵심 요소이다. 우리는 앞에서 그가 종교와 단순한 사회성을 구별하고 종교와 인간의 사유, 즉 보편의식 간의 연계성을 역설하고 있음을 확인했다. 그리고 이 문맥으로부터 그는 개화된 종교가 출현하는 데에는 단순한 제의와 정서 및 믿음을 넘어 합리화가 필요하다는 주장으로 나아간다. 그래서 이제 종교적 경험의 원천인 고독 그 자체도 합리적 믿음 체계를 배경으로 할 때 비로소 종교적 의미를 가지는 것으로 간주된다. 합리화가 없을 때 종교는 퇴락하여 단순한 사회성으로 되돌아갈 것이다. 이런 의미에서 인간의 반응으로서의 종교는 명백히 우리를 둘러싸고 있는 세계에 대한 합리적 의식의 반응이다. 화이트헤드가 합리적 종교의 출현 과정을 역사적 추이에 따라 점검할 때 합리성을 결여한 공동체적 종교를 발전의 한 국면에 속하는 것으로 보았던 것도 궁극적으로는 바로 이 때문이다. 그가 보통 거론하는 '위대한 합리적 종교'는 "종족의식은 물론이요 사회의식과도 구별되는 보편적인 종교적 의식이 출현하여 빚어낸 것이다."(63) 여기서 중요한 것은 종족의식이나 사회의식을 넘어서는 세계의식이다. 앞서 언급했듯이 세계의식이 부상하기 위해서는 분리, "직접적인 환경과의 절연"(63)이 요구된다. 세계성과 조우하기 위해서는 고독이 요구된다는 것이다. 이 세계의식을 함축하는 합리적 종교는 종족이나 민족 집단, 국가에 반응하는 것이 아니라 모든 사물에 있어 본질적인 "항구적 정당성"

(permanent rightness)을 확보하고자 우주에 반응한다.

그래서 합리적 종교 역시 특수한 계기(particular occasion)의 직접적 직관에 호소하면서 출발하지만 궁극적으로는 개념화 과정을 거쳐, 삶에 가치를 부여하는 온갖 것을 품어 안는다. 따라서 "종교적 진리에서의 발전은 주로 개념들의 체계를 구성하고 인위적인 추상이나 부분적인 은유를 포기하며 실재의 뿌리에 더 깊숙이 파고드는 관념들을 이끌어 내는 데 있어서의 발전이다."(149) 다시 말해 "종교는 우주의 궁극적인 신비에 대한 우리 개인의 직관에 따르는 목적과 정서의 반응"(AI 207)**6**에서 출발하지만 그것은 합리적 사유와 개념적 도식에 의해 조정될 때 비로소 진정한 의미의 종교로 진화하게 된다는 것이다. 삶의 상황은 우리에게 도전하는 문제들을 던진다. 종교가 이들 문제에 대한 합리적 해결을 제공하지 못한다면 지적인 신뢰가능성을 확보하기 어려울 것이다. 물론 종교는 순수한 합리적 기획이 아니며, 또 합리적 기획이어서도 안 되겠지만 동시에 그것은 치밀한 논리적 사유를 도외시해서도 안 된다. 화이트헤드가 말하는 합리적 형태의 종교는 자연 종교나, 계몽 철학자들이 말하는 이성의 한계 안의 종교와 아무런 관계도 없다. 그에게 있어 합리적 종교란 "시종일관한 삶의 배열"(47)을 제공하기 위해 조직된 것이다. 종교가 이런 형태에 도달하려면 일반 관념들의 충분한 토대를 가진 언어를 개발함으로써 그런 일반 관념들을 다룰 수 있어야 하고 이런 언

---

6   AI는 화이트헤드의 저서 *Adventure of Ideas* (New York: Macmillan Company, 1933)를 약기한 것임.

어로 일반 관념들을 표현하고 또 그것을 정의하는 문헌들을 확보하고 있어야 한다. 여기서 화이트헤드가 생각하는 것은 서구의 성서일 것이다.

화이트헤드는 이렇게 종교의 합리성에 주목함으로써 종교에 독특한 지위를 할당하고 있다. 그에 따르면 합리적 종교는 추상적인 형이상학의 지평과 경험의 제한된 부분에만 적용되는 특수한 원리들의 지평 사이에 있다. 종교는 특수한 경험적 계기의 통찰에서 그 개념들을 구하고 이들 개념을 가지고 모든 계기들을 해명한다. 기원에 있어 특수한 것이 의미에서 보편적인 것이 된다는 말이다. 종교는 인간 경험의 개별적 사태를 그 토대로 삼는다는 점에서 특수성을 갖지만, 그것이 토대로 삼은 개별적 경험이 보편타당성을 함의해야 한다는 점에서 특수성을 넘어선다. 그런데 합리적 종교가 이처럼 그 기본 개념들을 결정하고 명료한 일반적 진리를 제공하기 위해서는 실재 전반에 대한 형이상학적 이해가 전제되어야 한다. 창시자와 예언자의 통찰에서 출발한 종교는 형이상학적 이해와 조우하게 될 때 비로소 그 최종 생명력을 얻게 된다. 일반적으로 종교의 교설들은 개인을 고독에서 사회로 되돌리는 기호로서의 '외적인 표현의 양식들을 명료히 한다.' 그런데 종교는 형이상학과 상호작용하는 가운데, 외부에서 덧붙여진 심상들을 떨쳐 버리고 엄밀한 표현으로 정제되어 간다. 우리는 화이트헤드가 종교적 진리에서의 발전이 개념들을 체계화하고 인위적인 추상이나 부분적인 은유를 폐기하며 실재의 뿌리에 깊숙이 파고드는 관념들을 개발하는 데서 이루어진다고 주장하는 것을 보았다. 그런데 이를 위해서는 실재 전체를 범주

적 도식에 끌어들여 해명하는 형이상학이 필요하다는 것이다. 형이
상학은 종교가 그 교설(doctrine)을 합리화하는 데 필요한 보편적 범
주들을 제공할 수 있기 때문이다.

뿐만 아니라 형이상학은 종교에 자기 점검의 기회를 제공한다. 화
이트헤드는 종교적 신념에 대한 형이상학의 냉정한 비판이 무엇보
다도 필요한 것이라고 생각한다. 그는 '과학이 하고 있는 것과 똑같
이 변화에 대처하지 못하면 종교가 그 오래된 힘을 회복하지 못할
것'이라고 말한다. "종교의 원리들이 영원할 수도 있으나 이들 원리
에 대한 표현은 계속된 개발을 필요로 한다."(SMW 270) 그렇기에 종
교적 교리는, 의미를 비판하고 포괄적 우주에 충분한 가장 일반적인
개념들을 표현하려는 합리적 형이상학에 뿌리내리고 있어야 하는
것이다(95).

그러나 종교와 형이상학의 관계는 일방적 의존관계에 있지 않다.
종교는 형이상학의 범주적 도식을 구상하는 데 유용한 "자신의 독자
적 증거들"(89)을 제공하기 때문이다. 종교는 인간 존재가 단순한 사
실들의 연속 이상이라는 통찰, 인간 존재는 가치평가, 목적, 성공과
실패, 슬픔과 기쁨을 동반하는 공통의 세계를 포함한다는 통찰을 제
공한다. 다시 말해 종교는 우리에게 삶의 단순한 사실들을 넘어서서
삶의 질이 있다는 것을 말해 주며 불멸의 사실로서의 이런 질은 세
계를 형성하는 질서에 이바지한다는 사실을 말해 준다(90). 따라서
종교는 형이상학에 온전히 예속되지 않는다. 종교는 형이상학에 의
지하여 자신의 교설들을 정식화하고 궁극적으로 합리화하는 반면,
형이상학은 종교로부터 종교 특유의 경험 유형들, 곧 가치경험을 얻

고, 이를 중요한 여건으로 삼아 존재 일반을 위한 범주적 개념들을
개발하거나 조정한다.

그리고 이런 이유 때문에 화이트헤드는 종교의 진리가 형이상학
적 진리의 제한되거나 열등한 형태라고 보지 않는다. 그는 또한 종
교적 진리가 우리의 감각을 통해 획득되고 우리의 지적 작용에 의해
발전하는 지식 일반과 다른 어떤 것이라고 주장하지도 않는다. "종
교는 특수한 사례들에서 예증된 것으로 먼저 지각되는 궁극적 진리
들을 일반화하는 데서 출발"(144)하고, 이어서 이런 진리를 정합적
인 체계로 확장하고 삶의 해석에 그런 체계를 적용하는 데로 나아간
다는 점에서 형이상학과 전략을 같이한다. 다만 종교적 진리는 가치
를 집중적으로 다룬다는 점에서 특수성이 있을 뿐이다. 종교적 진리
는 '우리가 관심을 가지는 우주의 영속적인 측면'을 의식할 수 있게
하기 때문이다. 그래서 또한 종교는 사물들의 폭넓은 의미 체계를
배경으로 우리 자신의 존재가 가지는 의미를 발견할 수 있게 한다.

종교적 진리의 성패를 평가하는 기준 또한 형이상학의 평가 기준
과 다르지 않다. 형이상학은 우리가 경험에서 마주치는 온갖 현상
들을 해석하는 데 성공하는 한 성공한 형이상학으로 평가된다. 종교
적 진리의 경우도 삶의 해석에서 그것이 얼마만큼 성공하고 있는가
하는 것이 그 성패의 기준이 된다(144). 양자의 차이는 각기 문제 삼
고 있는 관심 영역이 다르다는 것이다. 종교는 삶의 의미와 가치에
주목하고, 형이상학은 실재 전체를 끌어안고자 한다. 여기서 종교는
형이상학이 실재의 기술에서 포섭해야 할 특수한 문제 영역이 된다.
물론 형이상학적 기술도 엄밀하게 평가되어야 한다. 여기서 화이트

헤드는 논리적 정합성, 충분성, 적용(예증)가능성을 그 평가 기준으로 제시한다. 종교와 형이상학의 관계에서 중요한 것은 특히 적용가능성이다. 종교는 형이상학적 기술의 적용 사례로 간주된다. 그래서 형이상학적 기술이 종교적 통찰을 끌어안을 수 있을 때 형이상학은 그만큼 그 기술의 적용가능성이 큰 것으로 평가되고, 반대로 이처럼 종교적 통찰이 형이상학적 기술에 포섭될 때 종교적 통찰은 합리적 보호대를 확보하게 된다.

결국 이렇게 볼 때 화이트헤드가 생각하는 합리적 종교는 인간 내면의 근본 정서와 냉철한 이성 간의 화해의 산물이라 할 수 있다. 그것은 우리가 묵시적으로 지니고 있거나 경험한 가치를 더 명료하게 개념화하는 과정의 최종 산물이라는 것이다. 종교는 이런 전반성적 (pre-reflexive) 경험을 충실하게 표현할 때 그 이상적인 형태가 될 것이다. 그리고 이때 우리는 종교적 경험을 더 풍성하고 심오하게 이해할 수 있게 될 것이다. 그러나 개념화의 과정이 언제나 성공하는 것은 아니다. 때때로 그것은 초기의 종교적 통찰을 온전히 합리화하는 데 실패한다. 따라서 우리에게는 종교적 교설을 다시 사유하고 다시 해석하는 것이 늘 필요하다. 브뤼머(Vincent Brümmer)가 말하고 있듯이 "삶의 환경과 요구의 변화는 문화적 측면에서 변화를 가져오며, 그 결과 사람들이 충분하다고 판단해 온 개념 형식에서도 변화를 불러온다. 이와 더불어 그들이 참이라고 믿는 신앙에서도 변화가 뒤따르게 된다."[7] 이것이 바로 종교적 교설을 구성하는 작업이 항상 계속될 수밖에 없는 이유이다.

요약해 보자. 화이트헤드가 생각하는 종교적 경험은 고독의 경험 속에서 자신의 개체성을 자각한 인간이 사물의 본성에 있는 궁극적인 어떤 것, 영속하는 어떤 것과 관계 맺는 방식이다. 그래서 화이트헤드는 "종교는 개체로서의 인간이 자신의 고독으로 이루어 내는 것"이라고 말한다. 하지만 단순한 고독 그 자체는 전종교적(pre-religious)인 것이다. 종교에는 고독 가운데 잠재되어 있으나 우리 자신의 개체성에 대한 자기 의식적 평가에서 발전하게 되는 궁극적인 것을 지향하는 합목적적 의식이 들어 있기 때문이다. 삶 자체의 가치를 묻는 물음에서 시작되는 이 자기 의식적 평가는 개인들 간의 상호 조정된 가치를 포함하는 객관적 가치 세계로 확대되어 공유 가능한 보편적 원리를 산출해 내고, 이어서 이 자기의식은 스스로 이 보편 원리에 굴복한다. 화이트헤드가 생각하는 종교적 경험의 본질이 여기에 있다. 그리고 진정한 의미의 종교는 이런 고독의 경험 내용을 정합적 체계로 합리화하면서 탄생한다. 화이트헤드는 합리화가 없을 때 종교는 퇴락하여 단순한 사회성으로 되돌아갈 것이라고 주장한다. 합리적 종교는 우리의 직관에 주어지는 특수한 가치경험에서 출발하지만 궁극적으로는 이들을 합리적 범주로 정식화함으로써, 가치의 근원이 되는 것들을 명료하게 표현하고 또 규정한다. 이런 의미에서 화이트헤드가 생각하는 종교는 개체로서의 인간 내면의 근본 정서와 인간 이성 간의 화해의 산물이다. 그리고 이 화해를 이끄는 것은 형이상학이다. 형이상학은 종교가 그 기본 개념들을 결

---

7   Vincent Brümmer, *Speaking of a Personal God: An Essay in Philosophical Theology* (Cambridge University Press, 1992), p. 20.

정하고 그 특유의 통찰들을 일반적 진리로 표현해 내는 데 필요한 보편적 범주들을 제공함으로써 '합리화'의 기획을 뒷받침하고, 반대로 종교는 인간 존재가 단순한 사실들의 연속 이상이라는 통찰, 우리에게 삶의 단순한 사실들을 넘어서서 삶의 질이 있다는 통찰을 형이상학에 제공함으로써 형이상학을 '충분한' 것으로 만들어 준다. 이렇게 양자는 정신사의 현장에서 끊임없이 상호작용하는 역동적 관계 속에 있다. 이것이 화이트헤드가 종교를 논하면서 "Religion in the Making"이라는 표제어를 택하고 있는 철학적 배경이다.

이 책은 1926년 2월 보스턴 킹스 채플에서 종교에 관해 네 차례에 걸쳐 강의했던 내용을 엮은 것이다. 『과학과 근대 세계』라는 제목으로 출판된 몇 해 전의 로웰 강의에서 과학에 적용했던 일련의 사유를 여기서는 종교에 적용하였다. 이 두 저작은 별개로 저술되었다. 하지만 동일한 사유방식을 서로 다른 영역에 적용한 것이기 때문에 어느 정도 상호 보완적으로 이해될 수 있을 것이다.

나는 이 강의에서 종교의 형성에 참여하는 인간 본성의 여러 요소를 간략하게 분석하고, 지식의 변천과 더불어 종교 또한 불가피하게 변천한다는 사실, 나아가 특히 종교는 세계 질서의 근거가 되는, 즉 변화하는 세계를 가능케 하는 영속적인 요소에 대한 우리의 파악에 기초한다는 사실을 보여주려고 하였다.

알프레드 노스 화이트헤드
하버드 대학
1926년 3월 13일

1장 · 역사 속의 종교

Religion in History

종교의 정의
Religion Defined

네 차례에 걸친 이 강의의 목표는 종교의 교설에 대한 믿음에 적용할 수 있는 정당화의 유형을 고찰하는 데 있다. 이것은 어느 세대나 매번 새로운 형태로 맞닥뜨리게 되는 물음이다. 종교의 특이성은 인류가 그에 대한 태도를 끊임없이 바꾸어 간다는 데 있다.

종교와 산술의 단순한 진리를 비교해 보면 내 말의 의미는 분명해진다. 오래전에 인간은 단순한 산술의 원리를 깨달았고, 역사 전체에 걸쳐 2 더하기 3이 5라는 명백한 원리는 관련된 어떤 문제 상황에서도 의문시되지 않았다. 우리는 누구나 이러한 원리가 무엇을 의미하는지 알고 있으며, 그래서 그것을 이해하기 위해 그 역사를 고려할 필요는 없다.

그러나 종교의 교설이 문제 되는 한, 우리는 종교가 무엇을 의미하는지에 관해서 아무런 확신도 갖고 있지 않다. 참된 종교와 거짓된 종교를 아우르는 가장 일반적 의미에서 종교가 무엇인지에 관한 일치된 의견은 없다. 또한 타당한 종교적 믿음에 관한 의견 일치도 없으며, 심지어 종교의 진리가 무엇을 의미하는지에 관한 일치된 의견도 없다. 이러한 이유 때문에 종교의 일반 원리에 대한 적절한 논의가 가능하려면 먼저 종교를 인류의 장구한 역사를 통해 의문의 여지없이 존속해 온 하나의 요소로 간주하는 것이 필요하다.

또 다른 차이가 있다. 일반적으로 논란거리가 되는 것은 의심스러운 것이며, 의심스러운 것은 다른 조건이 똑같다면 그렇지 않은 것에 비해 중요치 않은 것이다. 일반적 진리를 두고 하는 말이다. 우리는 완전히 확정되지 않은 일반 원리는 행위의 준거로 삼으려 하지 않는다. 우리가 69에 67을 곱한 값이 무엇인지 모른다면, 이를 알게 될 때까지 그 답을 전제로 하는 모든 행동을 뒤로 미룰 것이다. 이 간단한 산술 문제는 해결될 때까지 미뤄 놓을 수 있으며, 또 조금만 노력하면 풀 수 있다.

그런데 종교와 산술을 놓고 보면, 다른 조건이 동일하지 않다.[8] 우리는 산술을 "활용한다." 그러나 우리는 종교적"이다." 물론 산술도 인간의 본성이 다수의 요소를 포함하는 한, 이 본성에 개입한다. 그러나 산술은 인간의 본성에 필연적인 조건으로 개입하고 있을 뿐, 본성을 변형시키는 작인으로 개입하고 있는 것은 아니다. 어느 누구도 곱셈표를 믿는다고 해서 항상 "정당화되는" 것은 아니다. 하지만 어떤 의미에서 정당화는 모든 종교의 기초이다. 우리의

---

8 우리는 수학의 경우와 달리 종교적 교설의 경우 그 진리치가 의심스런 경우라도 그것을 실존의 원리로 받아들이는 경우가 종종 있다. 더구나 이렇게 받아들인 교설은 산술의 진리와 달리 우리의 내면을 정화한다.

성품은 우리의 신앙에 따라 달라진다. 이것은 누구에게나 해당되는 근본적인 종교적 진리이다. 종교는 인간의 내면을 정화하는 믿음의 힘이다. 이런 이유 때문에 종교의 기본적인 덕목은 진실성, 즉 내면 전체를 관통하는 진실성이다.

따라서 종교는 그 교설의 측면에서 볼 때 일반적 진리의 체계라고 정의할 수 있는데, 이런 진리들은 진지하게 수용되고 생생하게 파악될 경우 성품을 변화시킨다.

긴 안목으로 보면 우리의 성품과 삶의 행위는 우리의 내적 확신에 달려 있다. 삶은 타자와 연관되는 외적 사실이기에 앞서, 그 자체로 의미를 가지는 내적 사실이다. 외적 삶의 행위는 환경의 제약을 받는다. 하지만 그런 행위의 가치를 결정하는 궁극적 특성은 존재의 자기실현인 내적 삶에서 온다. 종교가 인간 자신에 의존하고 사물의 본성 가운데 있는 영속적인 무엇에 의존하는 한, 종교는 우리의 내적 삶을 위한 기술(art)인 동시에 그에 대한 이론이다.

이 학설은 종교가 기본적으로 사회적 사실이라고 하는 견해를 정면으로 거부한다. 사회적 사실들은 종교에 대단히 중요하다. 왜냐하면 완벽한 자존적 존재라는 것은 없기 때문이다. 우리는 인간을 사회와 분리시켜 생각할 수 없다. 대부분의 심리학은 군중심리학이다. 그러나 온갖 집단 정서에만 주목하는 심리학은 인간에게서 발견되는 경이로운 사실, 즉 자기 자신을 위해 오로지 자기 자신에게만 의식적으로 주목한다는 사실을 도외시한다.

종교는 개체로서의 인간이 자신의 고독으로 이루어 내는 것이다. 종교가 만족스런 최종 국면으로 진화해 갈 때면 세 단계를 거치게 된다. 그것은 공허한 신(God the void)으로부터 적으로서의 신(God the enemy)으로, 적으로서의 신으로부터 동반자로서의 신(God the companion)으로 나아간다.

따라서 종교는 고독이다. 우리가 고독하지 않다면, 우리는 결코 종교적일 수 없다. 집단적 열광, 신앙 부흥운동, 단체, 교회, 제의, 경전, 행위 규범 등은 종교의 장식물이자 일시적 외형에 지나지 않는다. 이런 것은 유용할 수도 있고 해로울 수도 있다. 또한 이런 것은 제도화된 관례일 수도 있고, 단지 일시적 방편으로 채택된 것일 수도 있다. 그러나 종교의 목적은 이 모든 것 너머에 있다.

그러므로 우리는 종교에서 개인적 성품의 가치를 끌어낼 수 있어야 한다. 그러나 가치에는 긍정적인 것도 있고 부정적인 것도 있으며, 선한 것도 있고 악한 것도 있다. 종교가 반드시 선한 것은 결코 아니다. 종교는 지극히 악할 수 있다. 세계 도처에 악이 뒤섞여 있다는 사실은 사물의 본성 속에 퇴락의 성향이 작동하고 있음을 보여준다. 종교적 경험에서 우리가 만나 왔던 신은 파괴의 신, 즉 그가 지나간 자리에 더 큰 실재의 상실을 남기는 신일 수 있다.[9]

종교를 고찰할 때, 그것이 반드시 선하다고 하는 생각에 사로잡혀서는 안 된다. 이것은 위험한 환상이다. 주목해야 할 것은 종교의

---

9 화이트헤드에게서 실재는 본질적으로 내재적 가치를 구현하는 것으로 간주된다(본문 90쪽 참조). 따라서 아주 단순히 말하자면 실재의 상실은 가치의 상실, 곧 악이다. 존재 자체의 가치에 대한 이런 시각, 즉 더 완전한 존재일수록 더 큰 가치를 담지하고 있으며 악은 적극적 존재가 아니라 이런 존재의 결여(또는 결핍)일 뿐이라고 보는 시각은 고대 그리스의 철학으로 거슬러 올라가는 연원을 가지고 있다.

초월적 중요성[10]이다. 그리고 역사를 되돌아보면, 이러한 중요성을 보여주는 명백한 사례들을 도처에서 찾아볼 수 있다.

10 궁극적인 의미나 관심.

종교는 인류 역사에 구체적인 모습을 띠고 나타날 때, 네 가지의 요
소 또는 측면을 보여준다. 제의(ritual), 정서(emotion), 믿음(belief), 합
리화(rationalization)가 그것이다. 일정하게 조직된 절차로서 제의가
있고, 일정한 형식의 정서적 표현이 있으며, 명확하게 표현된 믿음
이 있다. 또한 하나의 체계로 조정된 믿음들이 있는데, 이들 믿음은
각기 내적으로 정합할 뿐 아니라 다른 믿음들[11]과도 정합한다.

  그러나 이들 네 가지 요소는 역사 전체의 국면을 통해서 모두 동
일한 영향력을 행사하지는 않았다. 종교의 관념은 그 초기에 인간
의 다른 관심사들과 뒤섞여 있다가 점차 분리되면서 인간의 삶 속
에 등장했다. 이 요소들의 출현 순서는 그 종교적 중요성의 깊이와
는 정반대였다. 처음에 등장한 것은 제의이고, 그 다음으로 정서,

---

11 예컨대 형이상학적 믿음이나 과학적 믿음 같은 것들.

믿음, 그리고 마지막으로 합리화였다.

이 종교적 단계들은 중시되는 요소가 달라지면서 서서히 순차적으로 출현하였다. 하지만 초기 단계의 종교가 후기 단계의 종교적 요소를 전혀 가지고 있지 않았다고 말할 수는 없을 것이다. 그러나 분명히 아주 먼 옛날에는 믿음과 합리화가 완전히 무시되고, 정서라는 것도 제의의 부차적인 결과에 불과했을 것이다. 그 후 정서가 주도적인 요소로 등장하고, 제의는 정서를 산출하기 위한 부차적인 요소로 작용했다. 이어서 믿음이 제의와 정서의 복잡한 혼재 상태를 설명하는 요소로 등장했는데, 이렇게 등장한 믿음 속에서 우리는 합리화의 맹아를 찾아볼 수 있다.

믿음과 합리화가 완벽한 모습을 갖추면서 비로소 고독은 종교적 중요성의 핵(核)을 구성하는 요소로 부각되었다. 개화된 인류의 상상력 주위를 맴도는 위대한 종교적 착상들은 고독의 표현들이다. 바위에 묶인 프로메테우스, 사막에서 고뇌하는 마호메트, 명상하는 부처, 십자가에 매달린 저 고독한 인간 등이 그 대표적인 사례이다. 신에 의해서조차 버림받았다는 느낌은 종교적 영혼의 내면적 본질에 속한다.

제의의 출현은 역사의 여명기 이전으로 거슬러 올라간다. 제의는 동물에게서, 동물의 개별적 습관에서 찾아볼 수 있으며, 동물들의 집단적 선회운동에서 훨씬 더 분명하게 발견할 수 있다. 제의는 행위자의 신체를 보존하는 일과 직접적 관련이 없는 일정한 행동을 습관적으로 반복하는 일이라고 정의할 수 있다.

새들은 떼를 지어 허공에서 제의적인 선회놀이를 연출한다. 유럽 까마귀와 찌르레기의 행태는 그 대표적인 사례이다. 제의는 넘치는 활력과 여가의 원초적 표현이다. 그것은 살아 있는 신체가 특정한 동작을 반복하는 성향이 있다는 것을 예증한다. 따라서 먹이를 찾거나 다른 어떤 유용한 것을 찾는 데 필요한 행위가 여기서는 그 자체로 반복된다. 이런 행위의 반복은 또한 그 행위에 따르는 즐거움과 성취감의 반복을 수반한다.

이러한 방식으로 정서는 제의를 부추기며, 이어서 제의는 그에 따르는 정서를 얻고자 반복되는 가운데 정교해진다. 인류는 제의적 행위를 반복하면서 예술가가 되었다. 절박한 생물학적 요구를 도외시하고, 오로지 어떤 정서를 얻기 위해 그 정서를 불러일으키는 방법을 발견한 것은 대단한 일이었다. 그러나 정서는 유기체를 민감하게 만든다. 그래서 삶에 필요한 행위가 만들어 내곤 했던 것과는 전혀 다른 여러 방식으로 인간 유기체를 민감하게 만드는 예기치 않은 결과가 빚어졌다.

인류는 호기심과 감정의 모험에서 출발했다.

이러한 설명에 따르면 종교와 연극은 모두 제의에 기원을 두고 있다는 것이 분명해진다. 왜냐하면 제의는 정서를 자극하는데, 습관적 제의는 자극된 정서의 성질에 따라서 종교나 연극으로 분화될 수 있기 때문이다. 비교적 근대기였던 기원전 5세기[12]의 그리스인에게서조차 올림픽 경기는 종교적 색채를 띠었고, 아티카의 디오니소스 축제는 희극으로 끝이 났다. 또한 근대 세계에서 거룩한 날(holy day)과 휴일(holiday)은 동종의 개념이다.

제의가 정서를 인위적으로 자극하는 유일한 방법은 아니다. 약물도 똑같은 효과를 낼 수 있다. 다행히도 원시 종족이 손에 넣을 수 있는 약물은 얼마 되지 않았다. 하지만 종교적 의식에서 약물을 사용했던 사례는 흔히 찾아볼 수 있다. 예를 들어 아테나이오스가 전하는 바에 따르면, 페르시아에서는 왕에게 일 년에 한 번 미트라스

---

12 일반적으로 근대기는 17세기 이후를 의미한다. 그러나 장구한 선사시대까지 거슬러 올라가는 화이트헤드의 시선에서 보자면 기원전 5세기는 '비교적 가까운 시기'에 속한다고 할 수 있다.

신을 경배하는 공식 축제 기간에 약물에 취한 모습을 신전에서 보여주어야 하는 종교적 의무가 있었다고 한다(저자 주―이 자료는 동료 교수인 우즈J. H. Woods에게서 얻었다). 이처럼 도취 상태를 종교적으로 경외하던 풍습은 오늘날 성찬 예식에서 포도주를 마시는 관행으로 그 흔적이 남아 있다. 이것은 제의가 더 세련된 형태로 변모한 사례이다. 이런 변화에 힘입어 사유의 광범한 연상 작용은 그 원시적 조악성에서 탈피하여 위대한 상징체계로 거듭난다.

제의와 정서가 지배적인 요소로 작동하고 있는 원시적 단계의 종교는 본질적으로 사회적 현상으로서의 종교이다. 사회 전체가 동일한 제의와 정서에 연루되어 있을 때, 제의는 더 강력하게 정서를 자극하고 정서는 더 활기차게 생동한다. 따라서 집단적인 제의와 정서는 원시 부족을 결속시키는 힘 가운데 하나로 자리 잡는다. 이들은 인간 정신이 동물적 욕구를 충족시키는 일에 몰두했던 데에서 벗어나 희미하게나마 자신의 빛을 발하기 시작했다는 것을 보여주는 최초의 징표이다. 뒤집어 말한다면 이는 종교가 쇠퇴하는 경우 사교성으로 되돌아가고 만다는 것이기도 하다.

Belief

단순한 제의나 정서는 지성의 도움이 없다면 그들만으로 유지될 수
없다. 정서를 계속적으로 자극하기 위해 제의를 보존한다는 추상적
발상은, 비록 원시 종족의 잠재의식적 심리 상태의 사실을 표현하고
있을 수는 있지만, 대단히 추상적이어서 그들의 의식적 사유 속에
들어오지 못했다. 신화는 초보적인 합리성의 요구에 부응한다. 사람
들은 여러 가지 제의를 치르는 가운데 이런 제의가 정서를 유발한다
는 사실을 깨달았다. 신화는 제의를 치르고 정서를 자극하는 까닭을
설명해 준다. 신화는 가늠되지 않은 세계 속에 살았던 태고 인간들
의 생생한 상상의 산물이다.

　태고의 사람들이나 우리 자신에게 있는 태고의 측면에서 보자
면, 우주는 가늠할 수 없는 것이라기보다 가늠되지 않은 것이다. 이
는 분별되지 않았고, 분석되지 않았다는 뜻이다. 이 우주는 설명되
지 않은 특정 사건들의 복합체가 아니다. 그것은 정서적 감흥이 빚

어내는 효과들 하나하나가 흩어져 내달리고 있는 희미한 배경이다. 여기에는 정합적인 합리주의에 필요한 전제들이 존재하지 않는다. 정합적인 합리주의란 상호관계가 규명된 전제들의 복합체이다. 하지만 그 이전 단계는 본성상 각개로 이루어지는 하나하나의 명료한 한정 행위를 통해 식별되어야 하는 모호한 배경이다. 이런 모호성은 종족의 생존을 위해 당연히 필요한 것으로 간주되는 일상사와 관련된 한에서는 예외였을 것이다. 그러나 일상적인 삶을 벗어난 것은 대체로 모호한 것으로 남는다. 그럼에도 이런 것이 명료하다면, 그것은 고립된 것이다.

신화는 제의와 만날 때 아주 생생한 환상이나, 어쩌면 기억에 의해 왜곡되었을 생생한 실제의 사실에 대한 회상으로 나타난다. 그것은 제의와 정서를 설명해 줄 뿐 아니라, 제의가 거행될 때면 정서를 빚어내기도 한다. 그렇기 때문에 신화는 제의의 숨겨진 목적인 정서를 설명하고 또 강화한다.

제의와 정서와 신화는 서로 영향을 주고받는다. 그리고 신화는 현실 속의 사실들과 다양한 층위에서 관계 맺으며, 또 다양한 층위의 상징적 진리들을 갖추고 있다. 이들 진리는 오직 비유로만 파악될 수 있는 거대 관념들을 대변한다. 또한 신화가 제의에 앞서는 경우가 더러 있긴 하지만, 제의의 관행이 신화의 구성보다 앞서는 것이 일반적이다. 왜냐하면 동물들에게서도 제의의 관행은 목격할 수 있지만 그들이 신화를 만들어 가지고 있다고 보기는 어려울 것이기 때문이다.

신화는 실재하거나 상상으로 꾸며낸 어떤 인물이나 사물에 특별히 주목하는 것이 보통이다. 그래서 어떤 의미에서 제의는 그 연원을 밝혀 주는 신화와 결부되어 치러질 때, 영웅적인 인물이나 사물에 대한 원시적 숭배가 된다. 하지만 원시 종족에게서 숭배는 대체로 그들만의 이해관계를 반영하는 것이었다. 설령 그렇지 않은 경우가 있다 하더라도 오늘날보다는 그 정도가 훨씬 심했다. 따라서 일반적으로 신화에 대한 믿음에는 영웅적 인물이나 사물로부터 중요한 무언가를 얻을 수 있다는 믿음, 또는 두려움의 대상이 되는 해악과 관련해서 영웅적 인물이나 사물에 힘입어 무언가를 모면할 수 있다는 믿음이 동반된다. 그래서 영웅적 신을 향해 주문을 외우고, 기도하고, 찬양하고, 또 제의에 몰입하는 일이 벌어지게 된다.

그 영웅이 인격체일 경우 우리는 제의를 그 신화와 함께 "종교"라고 부르고, 그 영웅이 사물이라면 우리는 그것을 "마술"이라고 부른다. 종교의 영역에서 우리는 설득하고, 마술의 영역에서 우리는 강요한다. 종교와 마술의 중요한 차이는, 과학의 기원을 마술의 발달에서 찾을 수 있다는 점을 예외로 한다면, 마술이 발전하지 않는 데 반해 종교는 때때로 발전한다는 데 있다.

이런 믿음의 단계에서 종교는 인간의 향상에 있어 새로운 형성 작인(formative agent)으로 기능한다. 왜냐하면 제의가 정서를 부추겨 현실적인 필요성들에 대한 단순한 반응을 넘어서게 했듯이, 이처럼 한 걸음 더 나아간 단계의 종교는 환경의 압력에 저항하는 단순한 투쟁과는 무관한 사유를 낳기 때문이다. 상상력은 자신 안에 자신의 발전을 위한 기제를 확보하였고, 이에 힘입어 사유는 시야에 들어오는 직접적인 대상들을 넘어설 수 있었다. 사유의 개념들은 그 초기 단계에서 유치하고 조악한 것일 수 있다. 그러나 그 개념들은 직접적인 감각과 지각 너머의 대상들에 대한 개념이라는 최상의 덕목을 지니고 있다.

이것은 상호 조정되지 않은 믿음들의 단계이다. 이러한 단계가 지배적인 국면인 한, 한 종파가 다른 종파와 대립하지 않는 기묘한 관용이 있을 수 있다. 최소한의 통합만 있기 때문에 모든 종파가 자리할 여유 공간이 있다. 그러나 종교는 아직까지 철저하게 사회적 현상이다. 종파는 종족과 연루되거나, 적어도 유기적인 사회 조직으로 명확히 가름된 사람들의 집단과 연루된다. 사람들은 자신의 종파를 버리지 않아도 되고, 그렇다고 종파들 사이에 어떤 충돌이 있을 필요도 없다. 이와 같은 진일보한 단계의 종교에는 종족마다 신이 있거나 한 종족 안에 여러 신이 있어서 다양한 종파와 신화들이 아주 느슨하게 통합되어 있다.

비록 종교가 발전의 원천일 수 있다고 하더라도, 반드시 그런 것은 아니다. 특히 종교의 지배적인 특징이 이처럼 무비판적인 믿음의 단계에 있을 때 그렇다. 한 종족이 그들의 제의와 신화를 안정시키기는 쉬운 일이며, 발전을 위한 외부의 자극도 필요로 하지 않는다. 실제로 이것은 완전한 문명에 이르지 못했던 인류의 집단들이 한때 머물렀던 종교 진화의 한 단계이다. 이 단계에서는 더 나은 것을 향한 아무런 욕구도 없이 제의와 믿음에 만족한다. 이 단계의 종교는 실용적인 요구를 충족시킨다. 그것은 효과적으로 기능하고, 그럼으로써 진리의 담지자로 찬사 받아 마땅하다고 주장한다.

합리주의
Rationalism

순교자의 시대는 합리주의의 도래와 함께 시작된다. 이전 단계의 종교는 본질적으로 사교적이었다. 많은 사람이 부름을 받았으며, 모든 사람이 선택되었다. 최종 단계의 종교는 고독의 분위기를 전하고 있다. "그 문은 좁고, 그 길은 협소하여 (…) 그곳을 찾는 사람이 거의 없다." 근대의 종교가 이 격언을 잊어버린다면, 원시적인 야만으로 되돌아가는 격세유전의 퇴보를 겪게 될 것이다. 그것은 소수의 직관을 도외시하고 군중심리에 호소하는 것이다.

우리가 지금 고찰하고 있는 종교의 시대는 아주 가까운 근대에 속한다. 그것은 대략 과거 6천 년 정도 지속되었다. 물론 정확한 날짜를 헤아린 것은 아니다. 우리는 그 시기를 과거로 더 확장하여 미미한 선행 운동까지 고려할 수도 있고, 그 기간을 단축하여 더 이른 시기의 넘쳐나는 흔적을 배제할 수도 있다. 이 운동은 아시아와 유럽의 모든 개화된 민족에게 확산되었다. 과거에는 아시아가 관념을 창출하는 대단히 비옥한 텃밭이었으나, 지난 2천 년 동안은 유럽이 그 운동에 새로운 양상을 제공하였다. 합리화된 종교의 가장 완벽한 두 사례가 그들이 발원했던 민족 밖의 지역에서 주로 번성하였다는 점은 눈에 띄는 대목이다.

성서는 아주 이른 시기의 전승된 기록에 기초하여 종교 속에 합리주의가 도래하였음을 단연코 가장 완벽하게 설명하고 있다. 성서를 이처럼 하나의 설명으로 간주할 경우 그것은 오직 티그리스 강과 나일 강 사이의 지역과만 연관성을 가진다. 성서는 종교적 관념에서 점증하고 있던 고독의 분위기를 전하고 있다. 처음에는 일반적으로 널리 유행하고 있던 여러 유형의 생각을 보여주고, 그 다음에 비난과 훈계로 유대 민족을 각성시키는 외톨이였던 저항적 예언자들을 보여준다. 이어서 열두 제자와 함께하였으나 거의 완벽하게 민족 전체로부터 배척당했던 한 남자를 그리고 있다. 그런 다음 매우 의미심장하게도 이 한 남자의 가르침을 직접 접한 적이 없는 다른 한 남자가 등장하여 그의 교설을 대중에게 전파하기 위해 각색한다. 그의 손에서 어떤 것은 추가되고 어떤 것은 사라졌다. 하지만 다행히 복음서는 살아남았다.

두말할 필요도 없이 내가 6천 년이라는 기간에 주목한 까닭은 그것이 모든 증거를 고려할 때 적절할 뿐 아니라 그 기간이 성서의 연대기와 일치한다는 데 있다. 유럽과 미국에 있는 우리는 이 묶어 놓은 책 속에 묘사된 종교적 운동의 계승자이다. 종교적 실천의 방법이나 이를 정당화하는 문제에 관한 논의가 적절하려면 그 논의 자체가 기본적으로 성서를 예증자료로 활용하지 않으면 안 된다. 그러나 여러 종교 가운데서 특히 불교와 이슬람교의 경우는 여기서 비록 명시적으로 언급하지 않는다 하더라도 이렇게 일반적으로 진술할 수 있는 사례에 속한다는 점을 명심해야 한다.

합리적 종교는 시종일관한 삶의 배열, 즉 사유를 명료화하는 일에 있어서나 윤리적 승인 여부의 근거가 되는 통합된 목표로 행동을 이끄는 일에 있어서나 시종일관할 수 있는 삶의 배열[13]에 중심 요인으로 만들 요량으로 그 믿음과 제의를 재편성해 놓은 종교이다.

종교가 지닌 특이한 지위는 그것이 추상적인 형이상학의 지평과 삶의 경험 가운데 일부에만 적용되는 특수한 원리의 지평 사이에 자리하고 있다는 점이다. 종교적 개념의 적절성은 오직 통찰의 순간에만 분명하게 파악할 수 있으며, 우리 대다수는 외부로부터의 암시가 있고 나서야 비로소 그 적절성을 판별할 수 있다. 따라서 종교는 기본적으로 종족의 공통 경험에서 선택된 소수의 경험을 기반으로 한다. 이러한 측면에서 볼 때 종교는 그 진리들이 제한된 타당성만을 지니는 인류의 여러 특수한 관심사 가운데 하나일 뿐이다.

---

13 원어 표현은 'a coherent ordering of life'이다. 여기서 '시종일관하다'는 말의 의미는 인식과 행동에 있어 모종의 일관성이 있다는 것이다. 이를 위해서는, 인식의 경우 "사유를 명료화"하기 위한 범주적 도구로서 추상 관념들의 체계가 필요하고, 한 걸음 더 나아가 사유 규범으로서 논리 체계가 필요할 것이다. 또 행동의 경우 "통합된 목표로 행동을 이끌어 가기" 위한, 공공의 선(善)을 근거로 하는 행위 규범으로서 윤리 체계가 있어야 할 것이다. 실제로 고대의 몇몇 문명권은 이런 조건을 갖춘 삶의 양식을 상당 정도 구현했다고 볼 수 있다. 여기서 화이트헤드는 합리적 종교가 그 믿음 체계나 제의적 관행을 통해 이런 문명 세계의 주요 요인 가운데 하나로 기능할 수 있다고 보고 있다. 그렇긴 하지만 이는 단순히 합리적 종교가 앞장서서 문명 세계에서 선도적 역할을 한다는 말이 아니다. 3장에서 보게 되겠지만 합리적 종교의 출현은 일정한 논리와 범주 및 규범을 갖춘 문명을 배경으로 하고, 또 반대로 종교는 이런 배경에 일정하게 기여한다는 것이 화이트헤드의 생각이다.

그러나 또 다른 측면에서 종교는 그 개념이 비록 기본적으로 특수한 경험에서 유래된 것이긴 하지만 그럼에도 불구하고 신앙 안에서 모든 경험을 정리 정돈하는 데 적용할 수 있는 보편타당성을 지닌다고 주장한다.

합리적 종교는 특수한 계기들(occasions)의 직접적 직관[14]에 호소하고, 모든 계기들에 대해 자신의 개념이 가지는 설명력에 호소한다. 합리적 종교는 특수한 것에서 발원하지만 일반적인 것으로 확대된다. 합리적 종교의 교설은 지극히 예리한 통찰의 순간에 빚어진 인류의 비범한 경험으로부터 나올 수 있는 형이상학이 되려고 한다. 이론적으로는 합리적 종교가 제의와 신화적 믿음을 중심으로 하는 그 이전의 사회적 종교들과 완전히 별개로 발생했을 수도 있었을 것이다. 역사의식이 확립되기 전에는 바로 이런 방식으로 변증신학자들이 각기 그들이 신봉하는 종교의 기원을 설명하는 경향이 있었다. 그러나 종교의 일반적인 역사, 특히 그 가운데 성서에 포함되어 있는 역사의 부분은 단적으로 이러한 견해와 배치된다. 합리적 종교는 이전에 존재하던 종교적 형태들이 점차 변화하면서 생겨났다. 결국

---

14 여기서 '계기'라는 표현은 하나하나의 개별적인 경험사건을 가리키는 말로서, 우리 자신의 인격성(personality)은 잇따라 일어나는 이런 경험사건들로 구성된다. 그래서 '계기들의 직접적 직관'이라는 말은 우리가 특정 경험 순간에 얻게 되는 직관을 의미하며, 본문의 이어지는 두 문장에 들어 있는 '특수한 것'이라는 표현이나 '지극히 예리한 통찰의 순간에 빚어진 인류의 비범한 경험'이라는 표현도 바로 이런 직관을 일컫는다. 후일 이 계기(occasion)라는 표현은 『과정과 실재』(*Process and Reality*, Corrected edition edited by David Ray Griffin & Donald W. Sherburne, New York: The Free Press, 1978. 이하에서 PR로 약기함)에서 우주의 과정을 구성하는 궁극적인 단위존재(또는 사건)를 가리키는 개념으로 일반화되어 '현실적 존재'(actual entity) 또는 '현실적 계기'(actual occasion)(p. 22)로 범주화되고 있는데, 사실 아래에서 보게 될 3장의 논의도 이미 이 개념을 중심으로 전개되고 있다.

낡은 형태는 더 이상 새로운 관념을 담아낼 수 없었다. 개화된 근대의 종교들은 이런 발전 과정에서 빚어진 명백한 위기의 국면으로 거슬러 올라가 그 기원을 추적해 볼 수 있다. 그러나 발전은 그때 끝난 것이 아니었다. 그것은 단지 더 적합한 형식의 자기표현을 확보한 것에 지나지 않았다.

합리적 종교의 출현은 그 종교를 낳은 종족의 일반적인 발전 과정에 의해 엄격하게 제약되었다. 그것은 인간의 의식 속에 적절한 일반적 관념들과 적절한 윤리적 직관들이 개발되어 나오기를 기다려야 했다. 합리적 종교가 출현하려면 이런 관념들이 개개인들이 홀로 어쩌다 떠올리게 된 것에 머물러서는 안 되고, 인지 가능한 표현 형식으로 확고하게 포착되어 회상과 소통의 대상이 될 수 있어야 했다. 우리는 어떤 측면에서 이미 자비로운 사람들 사이에서만 자비에 대해 말할 수 있다.

언어는 어떤 관념이든 표현할 수 있는 보편적 방식이 아니다. 언어는 그 화법을 개발한 사람들이 자주 떠올렸거나 절박하게 필요로 했던 일반적 관념들을 표현하는 제한된 방식이다. 일반적 용어들을 충분히 갖춘 언어가 존재한 것은 인간 역사에서 비교적 짧은 기간 동안뿐이다. 이런 일반적 용어들은 그 활용방식을 통해 그것들을 정의하는 항구적인 문헌을 필요로 한다.

그렇기에 일반적 관념들을 자유롭게 다룰 수 있게 된 것은 최근의 일이라고 할 수 있다. 나는 인간의 머리가 그 일을 담당하기에 충분치 않았다고 주장하려는 것이 아니다. 내가 말하고자 하는 것은 인간의 머리가 우선 그 활용기법을 개발하고 나아가 일반적 사유를 가능하고도 유력한 것으로 만들어 주었던 습관을 얻게 되기까지는 오랜 시간이 걸렸다는 점이다. 수 세대 동안 언어는 언제든 발전할 채비를 갖춘 상태에 있었을 것임에 틀림없다. 만약 사람들이 탁월한 민족과 직접적으로든 그들이 남긴 문헌을 통해서든 접촉했더라면, 수십 혹은 심지어 수백 세대를 필요로 하는 과정이 거의 일거에 이루어질 정도로 단축되었을 수도 있을 것이다. 실제로 북유럽 민족들의 후기 발전사가 그랬다. 또한 사유의 발전을 촉진시키는 사회 제도가 이 일을 추동할 수도 있다. 이것은 결과가 선행할 때 일어나는 방식이다. 사회와 언어는 함께 성장했다.

의례와 신화와 사교를 중심으로 했던 종교 형태가 그 이후의 종교에 끼친 영향력은 대단하였다. 그리고 그것의 가치에 대한 평가는 다양하다. 기독교 시대에 이르기까지 수천 년 동안 합리주의의 편에 서서 그 전의 원시적인 형태를 탈바꿈하려는 각별히 강력한 투쟁이 있었다. 그 투쟁의 결실은 여러 위대한 종교의 형태로 오늘날까지 존속하고 있는 새로운 종합이었다. 합리적 일반성이 종교적 관념들 속에 도입되었다. 그리고 신화를 계승할 때면, 충분한 완전성을 지닌 일반적 개념들을 예증하는 확인 가능한 역사적 상황에 대한 기록으로 삼기 위해 이를 재구성하였다.

따라서 합리적 비판은 원칙적으로 허용되었다. 종족의 관습에 더 이상 호소하지 않고, 윤리적 직관이 되었건 형이상학적 직관이 되었건 아니면 논리적 직관이 되었건 간에[15] 개인의 직접적 직관에 호

---

15 앞의 주 13 참조.

소하였다. "나는 살아 있는 제물이 아니라 자비를 원하며, 불에 탄 공물보다 하느님을 알기를 원한다." 호세아는 이를 야훼의 말이라 전하면서 종족의 관습에 대한 개인적 비판의 원리로 활용하고, 그 토대를 그의 직접적인 윤리적 직관에서 찾았다.

이러한 방식으로 종교는 배타적인 공동체적 양상을 떨쳐 버리고 더 개인주의적인 형태로 진화하였다. 공동체 대신에 개인이 종교의 단위가 되었다. 개인적인 기도가 종족의 춤보다 중요해졌고, 극소수의 사람들의 경우 그것은 개인적인 통찰을 통한 정당화와 같은 것으로 간주되었다.

그래서 오늘날 천국에 가는 것은 프랑스가 아니라 개개의 프랑스인이며, 열반에 드는 것도 중국이 아니라 중국 사람들이다.

대부분의 종교적 투쟁이 그렇듯이 이 투쟁의 시기에 뒤떨어진 형태의 종교에 대한 개혁자들의 심판은 아주 가혹하였다. 우상 숭배에 대한 비난은 성서 곳곳에 등장하며, 심지어 반동의 흔적까지 찾아볼 수 있다. 아모스는 야훼의 이름으로 "나는 당신들의 축제일을 증오하고 경멸한다."고 쓰고 있다.

이러한 비판은 필요하다. 사실상 오늘날에 이르는 역사는 종교에 수반될 수 있는 공포에 대한 우울한 기록이다. 인간 제물, 특히 아동 살해, 식인풍습, 은밀하고 음란한 주신제(酒神祭), 경박한 미신, 종족 간의 증오, 퇴락하는 관습에 대한 옹호, 광란, 편협한 신앙 등등 이 모든 것이 종교의 책임일 수 있다. 종교는 야만적 인간성의 마지막 피난처이다. 종교와 선(善)을 무분별하게 결부시키는 것은 명백한 사실들에 반하는 처사이다. 종교는 발전의 주요 수단일 수 있으며, 또

실제로 그런 적이 있었다. 그러나 우리가 여러 민족을 두루 둘러본다면 종교는 대체로 그렇지 않았다고 말해야 한다. "많은 사람이 부름을 받았지만, 소수만이 선택되었다."

인간의 향상
The Ascent of Man

역사상 서로 다른 시기에 새로운 요소들이 출현하여 인류의 향상이
나 퇴보에 잇따라 결정적인 영향력을 행사하는 중요한 요인이 되는
경우가 흔히 있다. 그리스도가 탄생하기 전 1천 년 동안 공동체 종
교들은 발전을 이끌 동력을 상실해 가고 있었다. 전체적으로 보자면
이들 종교는 인류에 크게 기여하였다. 이들의 주선으로 사회적 유대
감과 사회적 책임의식이 태동하여 활기를 띠게 되었다. 공동체 종교
는 종족의 완전한 일체감을 표현하는 통로가 되었다. 삶 자체의 보
존과 직접적인 관계가 없는 일에 노골적으로 관심을 가지게 된 것은
이들 공동체 종교의 영향이었다. 게다가 그들은 이런 정서를 불완전
하게나마 정당화하는 구체적인 믿음을 만들어 냈다.

　그러나 역사의 어느 단계에 이르면서 공동체 종교는 여전히 사회
구조를 떠받치는 요인임에도 불구하고 더 이상 성장의 동력이 되지
못했다. 그들의 역할이 끝난 것이다.

공동체 종교는 과거에 그 민족을 위대한 사회로 만들어 주었던 오래된 덕목들을 소비하는 데 몰두하고, 공동체의 삶을 바람직한 신국으로 만들어 줄 새로운 덕목들을 찾고자 노력하지 않았다. 그들은 평균적인 종교들이었고 평균적인 것은 이상적인 것과 늘 갈등 관계에 있게 마련이다.

인간의 사유는 하나의 사회 구조라는 제한된 영역을 뚫고 나와 전체로서의 세계를 명료하게 의식하게 되었다. 개개인이 비교적 안전하게 돌아다닐 수 있는 편의수단들은 사유의 이러한 확대를 가능하게 하였다. 종족 전체가 하나의 단위체로서 위태롭게 떠돌다가 새로운 관념들을 발견하게 되는 수도 있겠지만, 이런 상황에 처한 종족의 경우 급선무는 적대적인 환경에 맞서 그들의 유대감을 강화하는 일일 것이다.

그러나 홀로 여행하던 사람은 여행 중에 낯선 사람과 친근하게 만난다. 집에 돌아온 후 그는 개인적으로 느낀 것이나 경험한 것을 반추하는 가운데 자신의 종족을 넘어서서 불편부당하게 생각하는 습관을 키우게 된다. 합리적 종교의 역사는 그 사회의 일상적 관례로부터 이탈해 가는 이야기들로 가득 차 있다. 성서를 들여다보면 아브라함은 유랑했고, 유대 민족은 바빌론으로 끌려갔다가 두 세대가 지난 후에야 평화롭게 돌아올 수 있었으며, 사도 바울은 여로에서 개종하였고, 그의 신학도 여행 중에 마무리하였다. 이 시기의 천년은 여행의 시대였다. 그리스인 중에서도 헤로도토스, 투키디데스, 플라톤, 크세노폰, 아리스토텔레스 등은 그들의 시대를 잘 보여 준다. 여러 거대한 제국이 있었고 교역수단들이 마련되어 있었기에 여행은 손쉬운 일이었다. 누구나 여행하며 세계를 신선하고 새로운 것으로 발견하였다. 세계의식은 이렇게 생겨났다.

인도와 중국의 경우 역시 세계의식의 성장은 비록 세부적인 부분에서는 다르지만 본질적으로 동일한 요인들에 달려 있었다. 개인들은 그들을 둘러싼 직접적인 사회적 환경에서 벗어나 사유를 확장하였다.

그런데 종교와 관련되는 한, 사회의식과 대비되는 세계의식의 특징은 정당성(rightness)이라는 개념을 사회의식과는 다른 방식으로 이해한다는 데 있다. 사회의식은 우리가 개인적으로 알고 사랑하는 사람들에게 관심을 가진다. 그래서 정당성은 보존이라는 관념과 결부된다. 행위는 그로 말미암아 어떤 신이 우리를 보호한다면 옳은 것이다. 그리고 그것이 어떤 성마른 존재를 자극하여 우리를 해치도록 할 경우 그른 것이 된다. 이런 종교는 일종의 외교술이다. 그러나 세계의식은 더 초연하다. 그것은 사물들의 본질적인 정당성[16]으로 시선을 돌린다. 개인들을 차별하는 일도 없다. 일일이 알지 못하는 까닭이다. 신의 선성(善性)이라는 새롭고도 세속적이라 할 개념[17]이 오랫동안 주목받아 온 신의 의지를 대신한다. 공동체 종교에서는 신이 우리를 보호하도록 하고자 그의 의지를 알고 싶어 한다. 세계 개념에 힘입어 합리화되어 순화된 종교에서는 신을 닮고자 그의 선(善)

---

16 사물이 다른 사물들 전체와의 관련 속에서 마땅히 구현해야 할 것으로 여겨지는 특성 및 가치(주 30 및 34도 참조).

17 선악(善惡)의 개념은 기본적으로 윤리적 가치이다. 그래서 성속(聖俗)을 문제 삼는 종교의 시선으로 보자면 그것은 세속적인 가치에 속한다.

을 알고 싶어 한다. 이것은 우리가 회유하려는 적과 우리가 본받으려는 동료 사이의 차이이다.

마지막 대비
The Final Contrast

종교의 역사를 개관하면서 나는 합리적 종교가 세계의식이 성장하면서 도래하게 되었다고 했다. 그 이전 공동체적 종교의 후기 국면은 인간 본성이 자신이 속한 사회 조직에 대해 보이는 의식적 반응에 의해 주도되었다. 이런 반응은 부분적으로 신앙과 제의로 뒤덮인 정서이며 또 부분적으로는 사회의 보존이라는 시금석을 통해 일상의 행위를 정당화하는 이성이다. 합리적 종교는 인간이 자신들이 몸담고 있는 우주에 대해 보이는 더 광범한 의식적 반응이다.

공동체적 종교는 확장하여 합리주의와의 접경에 이르렀다. 서양 세계의 공동체적 종교 그 마지막 국면에서 우리는 로마 제국의 종교를 보게 된다. 로마는 사회적 구조에 대한 가능한 한 가장 광범한 전망을 채택하고 있었다. 이 제국의 종파는 놀랍게도 단순한 징벌적 억압만으로는 범죄의 물결을 피할 수 없다는, 오늘날 대학의 법학부에서 구상했을 법한 성격의 신념을 새겨 가지고 있었다. 실제로 우리가 아우구스투스 황제나 그의 주변 인물들의 정신세계를 탐구해 보면 알 수 있듯이, 이것은 종교 발전의 최종 단계에서 나타나는 사실들에 대한 기술과 크게 다르지 않다.

또 하나 변형된 형태의 공동체적 종교는 유대 민족에 의해 달성되었다. 그들의 종교는 사물들의 본성에 관한 일반적 관념들을 구체화하고, 이들을 전적으로 유대 민족과 이 사물들과의 관련성에 의해 표현하였다. 이러한 절충은 매우 효과적이었지만 대단히 불안정했다. 그것은 공동체가 항상 회귀하려고 하는 종교적 정착의 한 유형이다. 이것은 근대 세계에서 감정적인 정치가나 산업의 총수 또는 사회개혁가들이 부르짖는 종교이다. 유대 민족에게서 그것은 기독교의 탄생과, 로마의 무력에 의한 유대 민족의 강제 이산이라는 위기를 맞았다. 우리 세대에서 이와 동일한 유형의 종교는 거대한 전쟁을 발생시킨 요소들 가운데 하나였다. 그것은 민족적 자의식을 병적으로 과장하게 만든다. 거기에는 정적주의(靜寂主義)의 요소[18]가 없다. 일반성은 종교의 소금과 같은 것이다.

기독교가 로마 제국과 그 이웃 지역에 깊숙이 안착했을 때, 세계에는 불교와 기독교라는 두 가지 주요한 합리적 종교가 있었다. 물론 두 종교 모두 그들의 지역에 다수의 경쟁자가 있었다. 그러나 만약 우리가 관념의 명료성, 사고의 일반성, 도덕적 고결성, 생존 능력 그리고 세계적 확산 정도 등을 고려한다면, 이 두 종교는 그 모

---

18 화이트헤드의 표현으로 하자면 개인의 고독과, 이 조건 속에서 얻게 되는 일반성에 대한 직관을 함축하는 표현으로 이해할 수 있다.

든 특성을 갖추고 있다는 점에서 그들의 경쟁자들을 능가하였다. 후일 이들의 지위는 이슬람교의 도전을 받았다. 그러나 오늘날까지도 개화된 보편 종교는 기독교와 불교이다. 다만 우리가 두 종교의 현재 위상을 그들이 과거에 누렸던 위상과 비교해 본다면 두 종교 모두 쇠퇴하고 있다고 할 수 있다. 이들은 세계에 행사했던 과거의 영향력을 잃어버렸다.

Religion in the Making

역사 속의 종교적 의식
The Religious Consciousness in History

위대한 합리적 종교는 종족의식은 물론이요 사회의식과도 구별되는 보편적인 종교적 의식이 출현하여 빚어낸 것이다. 이것은 보편적이기 때문에 고독의 색조를 끌어들인다. 종교는 개체로서의 인간이 자신의 고독으로 이루어 내는 것이다.[19]

보편성과 고독이 이렇게 연관되는 것은 보편성이 직접적인 환경과의 절연이기 때문이다. 이것은 혼란스런 직접적인 세부 사실들을 해석할 수 있는 항구적이고 가지적인 무엇인가를 발견하려는 시도이다.

종교가 가지는 이런 초연(超然)의 요소는 특히 심오한 사색을 담아내고 있는 구약성서의 여러 책들에 분명하게 드러나 있다. 이들 책

---

19 원어 표현은 'what the individual does with his solitariness'이다. 역자 서문 2절 다섯째 문단 참조.

에서 우리는 일반 원리들이 의식적으로 추구되고 있음을 볼 수 있다. 구약의 다른 책들은 당시 유행하던 개념들을 취하여 당면하고 있던 곤란한 문제들에 적용하고 있다. 이들은 논쟁 중에 있는 당대의 사고 상태를 예증하기는 하지만, 사색의 형성 과정을 보여주지는 않는다.

사색을 담은 책에서는 사회를 개혁하려 한다거나 심지어 종교적 정서를 표현하려고 하지 않는다. 거기에는 어떤 일반적 원리들을 파악하려는 자의식적인 시도가 있다.

욥기에서 우리는 그 시대를 특징짓고 있던 여러 악이 기상천외한 방식으로 잇따라 발생하면서 고통을 겪고 있는 한 사람을 발견한다. 그는 모든 것이, 가능한 세계 중 최선의 세계에서[20] 최선의 것을 위한 것이며, 하느님의 정의가 모든 일에서 지극히 명증하게 구현되고 있다는 궤변을 산산조각 낸다. 욥기의 근간은 일반적 원리

---

[20] 지금 우리가 살고 있는 세계는 "가능한 세계 중 최선의 세계"라는 표현은 초기 근대의 합리주의 철학자 라이프니츠가 세계에 존재하는 자연적인 악이나 도덕적인 악을 온전히 인정한 후, 그럼에도 선한 의지를 지닌 신이 존재한다고 주장하기 위해 했던 말의 일부이다. 여기서 그가 말하는 최선의 세계란 그 원리에서 가장 단순하고 그 내용에서 가장 풍부한 세계를 의미한다. 다시 말해 최소한의 원리 체계로 온전히 설명될 수 있으면서도 가장 풍부한 현상들을 담고 있는 세계이다. 요컨대 세칭 경제성의 원리가 적용된 세계라 할 수 있겠다. 그리고 실제로 이를 입증이라도 하듯이 그의 『단자론』(Monadology)은 얼마 안되는 아주 짤막한 저술이지만, 초기 근대 철학자들이 생각하고 있던 존재, 인식, 도덕적 실천 등의 문제를 남김없이 담아내고 있다. 아무튼 그가 이 주장을 통해 하고자 했던 말은 세계에 존재하는 다양한 악도 궁극적으로는 세계의 풍부성을 구현하는 데 기여하고 있다는 측면에서 긍정적 가치가 있으며, 그렇기에 악이 존재한다고 해서 곧바로 신의 선의지를 의심해서는 안 된다는 것이었다. 여기서 화이트헤드는 이를 궤변이라 말하고 있다. 하지만 실제로 세상에 악이 전혀 없고 오로지 선만 있다면, 이때의 선이란 것이 과연 체감되거나 이해될 수 있는 것인가 하는 의미론적 의문은 별개로 하더라도 그런 세계는 사실상 대단히 단조롭다고 해야 할 것이다.

나 교리와 이들이 적용되어야 하는 특수한 상황들을 대비시켜 보여주는 데 있다. 이 책 전체의 기저에는 낡은 형태의 종족 신이 이러한 합리적 비판에 화를 내지나 않을까 하는 두려움이 깔려 있다.

사실들을 직시하는 종교라면 그 어떤 종교도, 도덕적인 악이든 고통이든 재해든, 세상의 악을 가볍게 볼 수 없을 것이다. 욥기는 운 좋은 사람들이 흔히 떠올리는 해법, 곧 악한 인간이 고통받는 것이라는 손쉬운 해법을 파기하고 있다.

위대한 두 종교인 기독교와 불교는 각기 이 중요한 물음을 다루는 교리 체계를 가지고 있다. 양자 사이의 한 가지 커다란 차이는 악의 문제와 관련해서다. 불교는 악이 신체적이고 정서적인 경험 세계의 본성 가운데 내재한다고 생각한다. 따라서 불교가 가르치는 지혜는 이러한 경험의 담지자인 개인의 인격성에서 해방될 수 있도록 삶을 이끄는 데 있다. 불교가 설파하는 복음은 이런 해방에 이르는 방법이다.

불교가 전제하고 있는 사물들의 본성에 대한 하나의 형이상학적 사실은 이러한 해방이 단순히 육신이 죽는다고 해서 얻을 수 있는 것이 아니라는 점이다. 불교는 역사상 실천에 활용된 형이상학 가운데 가장 뛰어난 사례이다.

기독교는 정반대의 길을 걸었다. 종교를 잉태한 형이상학이었던 불교와는 달리 기독교는 언제나 형이상학을 갈구하는 종교였다. 형이상학적 체계의 결함은 그것이 간결하게 정돈된 하나의 사유 체계여서 세계를 너무 단순하게 표현한다는 사실에 있다. 기독교는 그 역사적 발전에서 또 하나의 난제, 즉 낡은 종족 종교의 조악한 상상들을 완전히 떨쳐 버리지 못하고 있다는 사실을 놓고 고민해 왔다.

그러나 기독교에는 하나의 장점이 있다. 불교는 명확한 형이상학적 관념과 이로부터 파생되는 교설들을 가지고 출발하기 때문에 불교를 발전시키기는 어렵다. 기독교는 어려움 없이 발전할 수 있는 잠재력을 가지고 있었다. 그것은 세계에 관한 대단히 훌륭한 하나의 관념을 가지고 출발했다. 그러나 이 관념은 형이상학적 학설에서 생겨난 것이 아니라, 어떤 지고한 삶이 보여준 언행에 대한 우리의 이해로부터 생겨났다. 사실들을 보여주고 이들에 대한 체계적인 해석을 요청하는 것은 이 종교의 본래적 특징이다. 복음서는 산상수훈에서, 여러 비유에서, 그리고 그리스도에 대한 이들의 기록에서 놀라운 사실을 보여준다. 교설은 겉에 드러날 수도 있고 그렇지 않을 수도 있다. 여기서 일차적인 것은 종교적 사실이다. 이에 반해 붓다는 뛰어난 교설을 남겼다. 그래서 붓다에 관련된 역사적 사실은 교설에 부차적인 것이다.

따라서 악을 다루는 일과 관련하여 기독교는 형이상학적 관념에서는 명확성이 떨어지지만 사실들에서는 더 풍부하다. 우선 기독교는 악이 세계 도처에 내재한다는 것을 인정한다. 그러나 기독교는 이러한 악이 개개인의 인격 그 자체로부터 필연적으로 나오는 것은 아니라고 주장한다. 기독교는 악을 현실적인 사건들의 추이라는 우연한 사실로부터 이끌어 낸다. 그래서 기독교는 이상적인 것 또한 현실적인 것에 비추어 생각할 수 있는 것으로 간주한다.

불교와 마찬가지로 기독교도 해방의 교설을 설파한다. 기독교는 이 교설이 악을 처리함으로써 삶을 더 고결한 지평으로 이끌어 간다고 공언한다. 기독교는 선으로 악을 극복한다. 불교는 그 형이상학적 이론을 근거로 설득력을 얻는다. 기독교는 역사 속 최상의 종교적 순간에 호소하여 설득력을 얻는다.

따라서 악이라는 이 심각한 문제와 관련하여 불교와 기독교가 교설을 대하는 태도는 아주 판이하다. 불교는 설명적 교리에서 출발하고 기독교는 설명적 사실들과 더불어 출발한다.[21]

악의 문제는 합리적인 종교적 사유의 여러 관심사 가운데 하나일 뿐이다. 또 하나의 관심사는 지혜의 추구이다. 우리는 잠언과 전도서에서, 성서외전들(Apocrypha)에 속하는 집회서(Ecclesiasticus)와 솔로몬의 지혜서에서 일반 원리들에 대한 사색이 재치 있고 꾸밈없는 반성적 격언으로 구현되고 있음을 발견할 수 있다.

지혜의 추구는 경험을 일반화하는 데서 시작된다.

당신께 두 가지를 간청하니, 제가 죽기 전에 그것을 이루어 주십시오. 허영과 거짓을 저에게서 멀리하여 주시고, 저를 궁핍하게도 부유하게도 하지 마시고, 저에게 필요한 양식만을 주십시오.

제가 배가 불러서 주를 부인하면서 '주가 누구냐'고 말하지 않게 하시고, 제가 가난해서 도둑질하고 하느님의 이름을 욕되게 하는 일이 없도록 해주십시오! (잠언 30장 7-9절)

21 '설명적'이라는 말은 '근거가 되는' 또는 '근거로 기능하는' 정도의 의미이다. 따라서 이 문장은 불교는 교리를 근거로 삼아 출발하고 기독교는 특수한 경험적 사실에 근거하여 출발한다는 말로 바꿔 쓸 수 있겠다.

우리는 예언자들의 자극적인 고발을 읽는 습관 때문에 초연한 중산층이 가지고 있던 상식의 의의를 간과하는 경향이 있다. 그것 또한 유대인의 종교적 전통에 기여했다. 그것은 도덕과 관련해서는 그다지 명확한 태도를 보이지 않을 때에도 현실에 대해서는 예리하게 평가하고 있다. 예컨대 이렇다.

> 나는 세상에서 보았다.
> 빠르다고 해서 경주에서 이기는 것이 아니며,
> 강하다고 해서 싸움에서 이기는 것도 아니다.
> 지혜롭다고 해서 먹을 것이 생기는 것이 아니며,
> 총명하다고 해서 부유해지는 것도 아니고,
> 솜씨 있다고 해서 늘 유리한 것도 아니다.
> 불운한 때와 재난은 그들 누구에게나 닥칠 수 있다. (전도서 9장 11절)

이 두 인용문은 누대에 걸쳐 냉소적인 지혜가 검증해 낸, 논란의 여지가 없는 일반적 진리를 표현하고 있다. 그러나 그것들은 매우 낮은 온도의 종교이다. 이런 사례들을 통해 내가 말하고자 하는 것은 합리적 종교가 정서적 자극의 순간에만 매몰되어서는 안 된다는 것이다. 합리적 종교는 모든 온도에서 자신을 정당화할 수 있어야 한다. 합리적 종교는 자신의 영향권 아래에 있다고 주장할 수 있는 사람들을 위해 시의에 맞춰 중용의 지혜를 받아들여야 한다. 그래서 합리적 종교는 "불운한 때와 재난은 그들 누구에게나 닥칠 수 있다."는 사실을 인정해야 하는 것이다.

시편은 본래 사색을 담은 책이 아니다. 시편은 표현하는 책이다. 그것은 보편적 종교 관념과 종족적 종교 관념 사이에서 흔들리고 있는 마음의 상태가 자연스럽게 품을 수 있는 정서를 표현하고 있다. 종족의 수호자이자 최고의 통치자가 지닌 창조적인 힘 안에서 느끼는 기쁨이 있고, 막강하고도 야만적인 힘에 대한 찬미가 있다.

땅과 그 안에 가득 찬 것이 모두 주의 것이요,
세상과 거기에 살고 있는 모든 것이 주의 것이다.
이 영광의 왕이 누구냐?
만군의 주, 그가 바로 영광의 왕이다. (시편 24편)

격조 높은 작품이다! 그러나 여기에는 욥을 끊임없이 괴롭혔던 곤경에 대한 해결책이 없다. 힘에서 나오는 영광에 대한 숭배는 단순히 위험한 것에 그치지 않는다. 그것은 신에 대한 야만적인 착상에서 비롯된 것이다. 나는 세계 그 자체도 그런 숭배의 유혹에 빠져든 사람들 때문에 학살당한 사람들의 뼈를 용납할 수 없을 것이라고 생각한다. 명성 높은 폭군이 통치했던 동양의 어느 제국의 모습을 한 이 우주관은 효과적으로 기능했을 수 있다. 이 우주관은 그 역사적 맥락에 비추어 볼 때 종교적 발전의 징표이다. 인용된 시는 이 우주관을 아주 기품 있게 표현하고 있다. 이 우주관의 다른 측면은 증오를 표현하는 시에 등장하는데 요즘은 공공 예배에서 거의 인용하지 않는다. 힘에 대한 찬미는 사람들의 마음을 치유한 경우보다 마음에 상처를 입혔던 경우가 더 많았다.

불교와 기독교는 각기 영감을 떠올렸던 역사적 순간에 그 기원을 두고 있다. 붓다의 삶과 그리스도의 삶이 그것이다. 붓다는 세계를 깨우치고자 그의 교설을 주었고 그리스도는 그의 생명을 주었다. 그리스도의 교설을 깨닫는 것은 기독교인의 몫이다. 아마도 최종적으로 붓다의 교설에서 가장 가치 있는 부분은 그의 삶에 대한 해석일 것이다.

우리는 그리스도의 삶에 대한 체계적이고 세부적인 기록을 가지고 있지 않다. 그러나 우리는 그의 첫 제자들이 그의 삶을 대하고 최초로 느꼈던 것들을 보여주는 각별히 생생한 기록을 가지고 있다. 물론 이것은 수년이 지난 후 작성된 것이어서 그 제자들의 기억과 해석이 곁들여진 것일 뿐 아니라 그들이 초보적인 형태로 정식화한 내용까지도 포함하고 있다.

우리가 기록에서 발견하는 것은 사물들의 본성에 대한 직접적 직관에 이끌려 한없이 소박한 마음으로 유대 종교를 철저하게 합리화하고 있다는 사실이다.

그리스도의 언명으로 전하는 것들은 정식화된 사상이 아니다. 그것들은 직접적 통찰을 기술한 것이다. 그의 생각 속에 있는 관념들은 직접적인 상(像)이며 추상 개념으로 분석된 것이 아니다. 그는 선한 사람과 악한 사람 사이의 관계를 직관적으로 파악한다. 그의 표현은 사람의 선악에 대한 분석의 형태로 나타나 있지 않다. 그의 언명은 행동이며 개념 맞추기가 아니다. 그는 언어가 언어로서 사실 그 자체와 구별되는 한에 있어 언어가 취할 수 있는 가장 낮은 수준의 추상으로 말하고 있다.

산상수훈과 비유에는 사실들에 관한 추론이 없다. 그것들은 한없이 단순해 보인다.[22] 그리스도는 직접적 직관에서 나오는, 그래서 변증논법과는 무관한 합리주의를 보여준다.

그리스도의 삶은 위압적인 힘의 과시가 아니다. 그의 삶의 영광은 그의 삶을 알아볼 수 있는 사람들을 위한 것이며 세계를 위한 것이 아니다. 그의 삶의 힘은 강압을 수반하지 않는다는 데 있다. 그의 삶에는 궁극적 이상에 대한 결의가 있으며, 이것이 이 시점을 전후하여 세계의 역사가 나누어지는 이유이다.

---

22 예컨대 "왼쪽 뺨을 때리거든 오른쪽 뺨을 돌려 대라."라는 그리스도의 말은 앞서 말한 "단순한 징벌적 억압만으로는 범죄의 물결을 피할 수 없다."는 유사한 취지의 말에 비해 훨씬 더 구체적이라 할 수 있다. "네 이웃을 내 몸과 같이 사랑하라."라든가 "겉옷을 달라거든 속옷까지 벗어줘라."와 같은 언명들도 타자에 대한 우리의 이상적인 태도를 이처럼 아주 단순하고 생생하게 구체적으로 표현하고 있다고 할 수 있겠다.

종교적 경험에 관한 기술
The Description of Religious Experience

종교의 교리는 인류의 종교적 경험에서 드러나는 진리를 엄밀한 용어로 정식화하려는 시도이다. 이는 물리과학의 학설이 인류의 감각지각에 나타나는 진리를 엄밀한 용어로 정식화하려는 시도인 것과 마찬가지다.

앞 장에서 우리는 구체적인 형태의 종교적 경험을 고찰했다. 이제 그것의 일반적 특성을 명확히 해야 할 때가 되었다. 종교에 대한 몇몇 일반적 기술들은 앞에서도 제시했다. "종교는 인간의 내면을 정화하는 믿음의 힘이다."라든가 "종교가 인간 자신에 의존하고 사물의 본성 가운데 있는 영속적인 무엇에 의존하는 한, 종교는 우리의 내적 삶을 위한 기술인 동시에 그에 대한 이론이다." 또는 "종교는 개체로서의 인간이 자신의 고독으로 이루어 내는 것이다."라는 말들이 그것이다.

합리적 종교의 기원이 고독에 있다는 이 언급은 근본적인 것이다. 종교는 자의식의 어느 한 순간에 동시에 발생하는 세 가지 연관된 개념들에 토대를 두고 있다. 그리고 이들 각 개념과 사실과의 관계 및 이들 개념 상호 간의 관계는 우주의 궁극적 성질에 대한 모종의 직접적 직관을 통해서만 한꺼번에 확정될 수 있다.

이들 개념은 다음과 같다.

1. 개체 그 자체가 가지는 가치에 대한 개념[23]
2. 세계의 다양한 개체들이 서로에 대해 가지는 가치에 대한 개념[24]
3. 그 구성요소인 개체들의 상호관계에서 비롯되는 공동체인 동시에 이 개체들 각각의 존재를 위해 필요한 공동체로서의 객관 세계가 가지는 가치에 대한 개념

종교적 의식의 순간은 자기평가에서 시작된다. 그러나 그것은 서로 강화하거나 파괴하는 조정된 가치들의 영역으로서의 세계 개념으로 확장된다. 현실 세계에 대한 직관은 가치들을 차등화하는 원리[25]라

---

[23] 개체가 그 자체로 구현하는 내재적(본질적) 가치(intrinsic value).

[24] 개체가 타자에 대해 가지는 외재적(비본질적) 가치(extrinsic value). 흔히 도구적 가치(instrumental value)라고 하는 것이 여기에 속한다.

[25] 예컨대 도덕적 가치로서의 선악, 인식적 가치로서의 진위, 종교적 가치로서의 성속, 예술적 가치로서의 미추 등의 분별과 이들 간의 위계를 낳는 원리이다. 나중에 보겠지만 화이트헤드는 이들 가운데 최고의 가치를 미적 가치로 간주하고 다른 가치들은 이 미적 가치에 기여하는 요인으로 기능하고 또 이를 통해 차등 평가된다고 주장한다. 아마도 화이트헤드는 인간의 경험에서 가장 강력한 성취감(그는 이를 경험의 강도intensity라 부른다)은 미적인 경험에서 온다는 점을 직관적으로 파악했던 것 같다. 말하자면 경험의 주체는 다양한 가치들이 자신의 미적 경험에 얼마만큼 기여하는가에 따라 이들을 차등화한다는 것이다.

는 단순한 관념에 특정한 내용을 제공한다. 그것은 또한 가치의 출현에 기여하는 정서와 목적과 물리적 조건을 보여준다.

고독 속에서 정신은 가치의 측면에서 삶의 성취란 무엇인지 묻는다. 그리고 정신은 자신의 개별적 요구를 객관적 우주의 요구와 융합시키기 전까지는 이러한 가치를 발견할 수 없다. 종교는 세계충성(world-loyalty)[26]이다.

정신은 곧바로 이 보편적 요구에 복종하고 그것을 자신의 것으로 만든다. 정신이 종교적 경험에 의해 좌우되는 한, 삶은 개별적이면서도 일반적이고, 현실적이면서도 종결된 행위를 넘어서며, 승인을 강요하면서도 무시를 허용하는 이 형성적 원리(formative principle)[27]에 의해 결정된다.

이 원리는 정식화된 교리가 아니라 직접적 계기들(immediate occasions)[28]의 직관이며, 이 직관은 그 계기들에 관련된 이상과 관련하여 실패하기도 하고 성공하기도 한다. 그래서 정당성을 얼마간 확보하기도 하고 얼마간 놓쳐버리기도 한다.

이것은 특성[29]의 현시(顯示)이며, 우리는 이를 친구의 특성을 파악

---

26 바로 다음 행에서 부연하고 있듯이 정신이 종교의 보편적 요구 즉 객관적 우주의 요구에 복종하고 동시에 그것을 자기 자신의 것으로 받아들이는 일을 일컫는다.

27 삶의 원리로서의 세계충성. 여기서 종교의 보편적 요구는 개인이 자신의 것으로 만들었기에 그 자신의 요구와 부합한다는 점에서 개별적이고 현실적이며 승인될 수밖에 없는 것이지만, 동시에 그 자체로는 보편적인 것이기 때문에 일반적이며, 특정한 행위에서 온전히 구현될 수 있는 것이 아니기에 그 특정 행위를 넘어서며, 또 특정 행위에서 반드시 온전하게 구현되어야 하는 것도 아니라는 점에서 때로 무시될 수 있는 것이라 할 수 있다.

28 지금 일어나고 있는 또는 지금 발생하고 있는 경험사건들(앞의 주 14 참조).

하듯이 파악한다. 하지만 이 경우는 사물의 본성에 항구적으로 내재하는 특성에 대한 파악이다.

이러한 종교적 경험은 특정한 인물이나 개체에 대한 그 어떤 직접적 직관도 포함하지 않는다는 견해를 놓고 대체로 의견이 일치한다. 그것은 항구적 정당성이라는 특성이다. 그리고 사물들의 본성가운데 이 특성이 내재함으로써 작용인과 목적인이 모두 수정되어 전자는 조화로운 조건에 순응하고 후자는 조화로운 이상과 대비를 이룬다. 현실 세계에서의 조화란 이 특성과의 일치이다.[30]

우주의 모든 개별 항목들이 이러한 특성과 모든 세부사항에서 일치하는 것은 아니다.[31] 얼마간은 일치하고 얼마간은 일치하지 않게

---

29 원어는 'character'이다. 화이트헤드는 이 말을 어디서도 정의하고 있지 않을뿐더러 아주 다른 문맥에서도 이 말을 사용하고 있어서 정확한 의미를 파악하기가 쉽지 않다. 그러나 화이트헤드가 이와 유사한 문맥에서 본질(essence)이라는 표현을 거의 사용하지 않는다는 점에 비추어 어느 정도 그 의미를 추정해 볼 수 있다. 일반적으로 본질은 반복되는 동일성 또는 보편성을 가지는 것으로 이해된다. 그러나 특성은 개체의 역사적 맥락 속에서 구현되는 특수한 것으로서 결코 무한 반복되지 않는다. 그것은 개체가 타자로부터 부분적으로 받아들인 것인 동시에 타자에게 전해 주는 것이다. 따라서 특성은 흔히 개체가 그 자체로 가질 수 있는 본질과 달리 상호연관 속에 있는 개체가 가지게 되는 규정성이라 할 수 있다. 바로 다음에 예시되는 "친구의 특성(성품)"이라는 표현도 바로 이 점을 시사하고 있다. "친구"는 나와 특정한 관계 속에 있는 개체로서 그 성품이 파악된다고 할 수 있기 때문이다. 또한 이런 문맥에서 이런 규정성은 본질과 달리 개체의 내재적 가치와 타자와의 관계에서의 가치 및 우주 전체와의 관계에서의 가치를 포함한다고 볼 수 있다.

30 항구적 정당성, 즉 개체가 구현하고자 하는 이상적인 가치를 포함하는 특성은, 작용인으로서의 물리적 작인에서 오는 제약 조건들을 적절히 조정하고 동시에 사사로운 목적을 더 이상적인 목적으로 수정한다는 의미로 읽을 수 있겠다. 화이트헤드는 인과적 필연성이나 목적론적 이상 어느 하나만으로 사물의 특성이 결정되는 것은 아니며, 정도의 차이가 있기는 하지만 이 양자 모두가 사물을 결정하는 데 관여한다고 생각한다. 현실 세계가 구현하는 질서는 궁극적으로 사물들의 이런 특성, 즉 그들 상호 간의 관계 및 우주 전체와의 관계에서 조정되는 특성에 토대를 두고 있다.

마련이다. 일치와 불일치에 대한 전체적인 직관은 그 항목이 종교적 경험에 내어주는 대비[32]를 형성한다. 일치가 완전하지 않는 한, 세계에는 악이 존재하게 된다.

인격신을 직접 볼 수 없다는 교설을 놓고 비록 보편적이지는 않더라도 일반적으로 의견이 일치한다고 단언할 수 있는 증거는 개화된 세계의 종교적 사유를 고찰할 때 찾아볼 수 있다. 여기서는 오직 증거의 출처들만을 지적할 수 있다.

인도와 중국의 어디서든 종교적 사유는 엄밀한 형태로 해석되어 온 것인 한, 우주의 토대가 되는 어떤 궁극적인 인격체에 대한 직관을 거부한다. 유교 철학, 불교 철학, 힌두교 철학의 경우 그렇다. 인격화된 존재들이 있을지 모르지만 그 토대는 비인격적이다.

기독교 신학 역시 대체로 세계를 위해 존재하는 궁극적인 인격적 토대 같은 것에 대한 직접적 직관은 없다는 입장을 취해 왔다. 기독교는 인격적 신이 존재한다는 교설을 진리로 내세우지만 그 진리에 대한 우리의 믿음은 추론에 기초한다고 주장한다. 대다수의 신학자들은 이러한 추론이 아주 명백한 것이어서 개인적인 인격적 경험을 토대로 누구나 가능하다고 주장한다. 그러나 그렇다 하더라도 그것은 추론일 뿐 직접적 직관이 아니다. 이것은 전통주의적 교회들, 특

---

31 여기서 '일치한다'(conform)는 말은 '순응한다', '따른다'는 의미를 함축하고 있다. 그래서 일치와 불일치라는 표현 또한 순응과 이탈의 의미를 지니고 있다. 그래서 불일치, 즉 이탈이 있는 한, 항구적 정당성은 좌절되고 악이 있게 될 것이다.

32 대비(contrast)라는 표현은 사전적 의미 그대로, 서로 구별되는 두 항목이 그 차이를 유지하면서 통합되는 사태를 의미하는데 화이트헤드는 『과정과 실재』에서 다수의 존재들이 하나의 여건을 형성하는 방식을 표현하는 범주적 용어로 이를 사용한다.

히 가톨릭이라는 이름을 내세우는 교회들의 일반적인 교설이다. 그리고 내가 믿기로 이와 반대되는 교설들은 로마 가톨릭 교회에 의해 공식적으로 단죄되어 왔다. 그 예로 로스미니(A. Rosmini)[33]의 종교철학이 있다.

그리스 사유도 전통적 종파들을 면밀히 검토하게 되었을 때 같은 노선을 취했다. 이런저런 형태로 합리적 종교의 교설들을 정식화하려는 고대 그리스의 시도는 모두 사물들의 본성 가운데 들어 있으면서 하나의 조건이자 비판이자 이상으로 기능하고 있는 정당성에 대한 직접적 직관이라는 피타고라스적 관념[34]을 기반으로 했다. 신적인 인격체는 그것이 추론되는 한, 직접적으로 파악된 자연법칙으로부터 추론되는 성격의 것이었다. 물론 사물들의 본성 안에 신적인 인격체들이 존재한다고 본 여러 종파가 있었다. 문제의 핵심은

33 로마 가톨릭 교회의 신부였던 로스미니(Antonio Rosmini-Serbati, 1797-1885)는 로크에서 헤겔에 이르는 근대 철학의 기본 문제였던 우리의 관념의 기원, 진리, 확실성을 검토하던 중 고대 그리스에서 이들 문제의 원형을 발견하고, 철학이 다시 존경과 사랑을 받으려면 고대의 가르침을 근대의 방법으로 재구성해야 한다고 주장하였다. 특히 그는 인간의 지식을 분석하면서, 존재와 진리는 등가의 관념으로 우리의 모든 인식에 전제되어 있으며, 이에 대한 통찰에서 정신은 오류를 범할 수 없다고 보았다. 그것은 판단의 대상이 아니라 순수직관의 대상이기 때문이라는 것이다. 그런데 이처럼 존재와 진리를 함께 놓고 보는 그의 관념론적 색채의 주장은 토마스 아퀴나스의 사상을 기반으로 하던 당대의 주류 가톨릭 신학자들에게 받아들이기 어려운 것이었다. 왜냐하면 토마스 아퀴나스는 인간이 계시를 떠나 철학에서 신을 인식하고자 할 때 오로지 경험적 추론을 통해야 한다고 보았기 때문이다.

34 피타고라스는 우주는 본질적으로 신적인 질서(divine order, 수학적 질서)를 구현하고 있으며, 인간이 가지고 있는 우주적 요소인 영혼 또한 이 우주와 통하는 불멸의 존재라고 보았다. 그에 따르면 현세에서 육체의 소용돌이에 갇혀 우주와의 조화를 잃어버린 영혼을 정화(katharsis)하여 그 본래성을 회복할 수 있게 하려면 금욕과 교육이 필요하다. 그렇기에 피타고라스에게 있어 우주 질서와의 조화를 회복하는 것은 모든 개체가 자신의 정당성을 얻는 방법이었다고 할 수 있다.

신적인 인격체가 사물들의 본성에서 토대가 되는가 하는 것이다.

직접적인 종교적 경험의 궁극적 본성에 대한 이 물음은 근대 세계의 종교적 상황에서 아주 근본적이다. 우선 우리가 종교적 경험이 우주의 토대가 되는 인격적 존재에 대한 직접적 직관이라고 주장한다 해도 그 근거로 호소할 수 있는 일치된 의견이 널리 존재하지 않는다. 종교적 사유의 주요 흐름들은 상호 간의 충돌에서 시작된다. 이런 길에 들어선 사람들에게는 정서로 이성을 대체하려는 오직 한 가지 희망만이 있게 되는데, 이는 근대의 통상적인 호소 방식이기도 하다. 이때 우리는 분별력 있는 사람들을 대상으로 하지 않는 한, 어떤 것이든 입증해 보일 수 있다. 그러나 이성은 종교의 객관성을 위한 파수꾼이다. 이성은 집단 히스테리가 거부하는 일반적 정합성을 종교에 안겨 준다.

이처럼 단지 예외적인 순간에만 경험되는 직관에 호소하는 데에 대한 또 다른 반론은 직관이 바로 그렇기 때문에 예외적인 순간들의 상관항이라는 것이다. 이러한 순간의 기원을 그에 수반되는 정서와 관련하여 설명할 경우 그 어떤 것이든 직관에 대한 설명으로 충분히 받아들여질 수 있다. 그렇기 때문에 직관은 개인적인 심리적 습관이 될 뿐, 일반적인 증거 능력은 없는 것이다. 이것은 아주 다양한 환경 속의 모든 정서적 온도에서 그 자신을 옹호할 수 없는 증거 쪽에서 보자면 치명적인 심리학적 해석이다.

여기서 구별해야 할 것이 하나 있다. 처음에는 직관이 예외적인 상황 속에 있는 의식에 포착되어 나타날 수 있다. 그러나 어떤 판명한 관념이 일단 경험되거나 시사되고 나면 그것은 상황과 무관한 독립성을 갖게 될 것이다. 예컨대 우리가 어떤 산술적 진리를 알지 못할 경우 그것을 알아내고자 이례적으로 도움을 청하게 되는 수가 있다. 그러나 우리가 일단 그것을 알아차리고 나면 그것은 항구적 소유물이 된다. 단순히 개인적인 의미만을 인정하는 심리학적 해석은, 특정한 성격을 지닌 일련의 단속적인 환경 속에서 경험될 뿐인 직관이 객관적 타당성을 가진다고 누군가 주장할 때, 유효한 반박의 근거가 된다. 직관은 이러한 상황에서 더 분명할 수 있지만 그것은 이러한 상황들에 국한되는 것이어서는 안 된다.

기독교 주류 신학은 인격적 신에 대한 직접적 통찰이라는 관념을 옹호하지 않는다는 점에서 분명한 지혜를 보여주고 있다. 왜냐하면 일치된 의견이 없기 때문이다. 이교도의 종교라 일컬어지는 비합리적 종교의 급 낮은 신들은 문제가 되지 않는다. 그리고 위대한 합리적 종교들을 검토해 보면, 다수가 달리 대처한다. 그러나 합리적 해석의 문제[35]에 이르는 순간 숫자는 곧바로 의미를 잃는다. 이성은 다수를 비웃는다.[36]

그러나 부분적으로 순응하고 부분적으로 무시해 버리는 사물들 안의 정당성이라는 개념을 옹호하면서 자신들의 전망을 합리화해 왔던 사람들 쪽에는 상당한 의견일치가 있다. 행위에 대한 의식적 결정이 있는 한, 이러한 순응의 성취는 우리의 직접적인 목적 선택을 비판하고 제어하는 데 준거가 되는 궁극적 전제이다. 임의의 특

---

35 '신에 대한 직접적 통찰'을 합리적으로 해석하는 문제.
36 다수의 선택이라고 해서 항상 옳은 것도 아니요 합리적인 것도 아니기 때문이다.

수한 사건과 관련한 합리적 만족이나 불만[37]은 보편화될 수 있는
직관에 달려 있다. 특수한 사례에서 식별되는 것을 이처럼 보편화
하는 것은 사물들의 본성에 내재해 있는 일반적 특성에 호소하는
것이다.

　이러한 직관은 언어 형태에 대한 식별이 아니라 특성의 유형에 대
한 식별이다. 말을 찬양하는 것은 식자(識者)들의 특징이다. 하지만
어미는 말로 표현할 수 없는 많은 것을 가슴으로 곰곰이 생각할 수
있다. 이렇게 인식되는 많은 것이 궁극적인 종교적 증거를 구성하며
이들 너머에 호소할 다른 증거는 없다.

---

37 '합리적 만족이나 불만'이라는 표현에서 '합리적'이란 말은 '근거 또는 이유(reason)가
있는' 정도의 의미를 가진다. 그래서 합리적 만족이나 불만은 특수한 사물이나 사건 속의
일반적 특성(정당성)을 파악하고, 이를 근거로 그 특수한 사례를 평가할 때 생겨난다고 할
수 있다.

오늘날 논쟁 중에 있는 단 하나의 종교적 교리가 있다. "신"이라는 말이 무엇을 의미하는가 하는 것이다. 그리고 이 점에서 오늘날은 과거와 전혀 다를 바 없다. 이것은 근본적인 종교적 교리이며, 다른 모든 교리는 그것에 부수적인 것이다.

우리 앞에는 이 신 개념에 대한 세 가지의 주요하고 단순한 표현이 있다.

1. 세계가 따르고 있는 비인격적 질서라는 동아시아적 개념. 이 질서는 세계의 자기질서화이다. 그것은 강요된 규칙에 복종하는 세계가 아니다. 그 개념은 극단적인 내재성의 교설을 표현한다.

2. 명확한 인격적 개별 존재라는 셈족의 개념. 이 존재의 현존은 절대적이고 비파생적인 하나의 궁극적인 형이상학적 사실이며, 이 존재는 우리가 현실 세계라고 부르는 파생적인 존재의 운명을 결정하고 복종

을 요구한다. 이러한 셈 족의 개념은 초기 공동체 종교의 종족 신들을 합리화한 것이다. 그것은 극단적인 초월성의 교설을 표현한다.

3. 셈 족의 개념으로 기술되지만 셈 족의 개념과 달리 현실 세계를 자신의 한 국면으로 가지는 궁극적 개별 존재이자 완전한 사실이라는 범신론적 개념. 신과 별개로 생각되는 현실 세계는 실재하지 않는다. 세계의 유일한 실재성은 신의 실재성이다. 현실 세계는 신의 본질의 부분적 표현으로서의 실재성을 가진다. 그러나 현실 세계 그 자체로는 단지 신의 한 국면인 "현상"들의 상호관계일 뿐이다. 이것은 극단적인 일원론의 교설이다.

우리가 볼 수 있듯이 동아시아적 개념과 범신론적 개념은 서로를 뒤바꿔 놓은 것이다. 전자의 개념에 따르면 우리가 신에 대해 말할 때 우리는 세계에 대해 무언가를 말하는 것이며, 후자의 개념에 따르면 우리가 세계에 대해 말할 때 우리는 신에 대해 무언가를 말하는 것이다.

셈족의 개념과 동아시아적 개념은 정면으로 대립한다. 그래서 이들을 매개하려면 예외 없이 복잡한 사유 속으로 들어가야 한다. 셈 족의 개념이 범신론적 개념으로 쉽게 옮아갈 수 있다는 것은 분명하다. 실제로 페르시아와 같은 여러 이슬람 국가의 철학적 신학의 역사에서는 이런 전이가 자주 일어났음을 볼 수 있다.

셈족 개념이 씨름해야 하는 주요 난제는 두 가지이다. 그 중 하나는 셈족 개념이 신을 형이상학적 합리화의 대상에서 완전히 제외한다는 점이다. 이에 따르면 우리는 신이 이 우주를 설계하고 창조한 존재라는 것은 알지만 그 이상은 모른다. 우리가 신의 선을 신이 자존하는 완전한 존재라는 의미로 이해한다면 그는 선하다. 그러나 이러한 선은 일상생활의 통상적인 선과 혼동되어서는 안 된다. 신은 더할 나위 없이 유용하다. 왜냐하면 불가해한 것은 무엇이나 신의 직접적인 명령의 탓으로 돌릴 수 있기 때문이다.

이 개념의 두 번째 난제는 그 개념 자체를 증명하는 일이다. 유일하게 가능한 한 가지 증명은 안셀무스가 고안하고 데카르트가 되살린 "존재론적 증명"일 것이다. 이 증명에 따르면 우리는 그러한 존재의 개념만으로 그의 존재를 추론할 수 있다. 대다수의 철학자들과 신학자들은 이 증명을 거부한다. 예를 들어 추기경 메르시에는 『스콜라 철학 교본』에서 이를 명시적으로 거부하고 있다.[38]

현실 세계의 특성에 대한 고찰에서 시작하는 그 어떤 증명도 이 세계의 현실태를 넘어설 수 없다. 그것은 오로지 경험되는 세계 속에 드러나는 요소들을 발견할 수 있을 뿐이다. 다시 말해 그것은 내재하는 신을 발견할 수는 있으나 완전히 초월적인 신을 발견할 수는 없다. 이 난제는 다음과 같이 표현될 수 있다. 우리는 세계를 고찰함으로써 총체적인 형이상학적 상황이 요구하는 모든 요소를 발견할 수 있다. 그러나 우리는 현실적 사실 전체 속에 포함되지 않으면서 이 현실을 설명해 주는 그 어떤 것도 발견할 수 없다.[39]

---

38 이 존재론적 증명은 13세기 토마스 아퀴나스와 18세기 임마누엘 칸트에 의해 효과적으로 논박되었다고 보는 것이 일반적이다. 이들의 비판의 요지는 이 증명이 관념(개념)에서 실재(존재)를 부당하게 연역하고 있다는 것이다. 메르시에(Mercier, 1851-1926)는 이 전통을 교본에 담은 것이라 할 수 있겠다.

기독교는 이 명확한 선택지 가운데 어느 것도 택하지 않았다. 기독교는 자신이 호소하는 종교적 사실들에 자신의 형이상학을 예속시키는 데 역량을 집중시켜 왔다.

우선 기독교는 셈족의 단순한 개념을 물려받았다. 기독교의 모든 창시자들은 자연스럽게 자신들의 생각을 셈족의 용어로 표현했고, 이렇게 표현된 종교만을 이해할 수 있었던 사람들에게 자신들의 생각을 전하고 있었다.

그러나 여기서도 몇 가지 중요한 변화가 있었다. 그리스도 자신이 이들을 끌어들였다. 그것들이 얼마나 새로운 것인지, 또는 그가 과거의 생각들을 얼마나 활용하고 있는지는 중요하지 않다. 중요한 것은 그런 관념들이 그의 가르침에서 어떻게 강조되고 있는가 하는 것이다. 우선 눈에 띄는 것은 "천국이 너희 안에 있다"는 설명과 함께 신과 천국을 연관시키고 있다는 점이다. 다음으로는 신의 개념을 아버지라는 은유로 표현하고 있다는 점이다. 후자의 개념이 지닌 함축은 복음서의 저자인 성 요한이 쓴 두 서한 속의 감동적인 주장과 더불어 확대된다. "하느님은 사랑이시다."라는 표현은 그에게서 비롯된 것이다.

마지막으로 성 요한의 복음서에 로고스의 교설이 도입됨으로써 셈족의 신이 지니고 있던 인격적 통일성이라는 명확한 관념이 수정되는 쪽으로 움직였다는 점이다. 실제로 오늘날 대다수의 기독교 교회에서 셈족의 소박한 교설은 이단이다. 오늘날의 교회는 인격적

---

39 화이트헤드가 신을 말할 때 가장 주목했던 것도 바로 이 점이다(다음 3장 참조).

통일성을 수정하고 내재성을 강조하기 때문이다.

내재(immanence)라는 개념과 전지(omniscience)라는 개념은 구별되어야 한다. 셈족의 신은 전지하다. 그러나 기독교의 신은 그것에 더하여 우주 안에 있는 한 요소이다. 수년 전 이집트의 무덤에서 파피루스 하나가 발견되었는데 그것은 "그리스도의 말씀"이라 불리는 초기 기독교의 편찬물로 입증되었다. 그것이 얼마만큼 신빙성이 있으며 얼마만큼 근거를 갖춘 것인지는 우리의 관심사가 아니다. 나는 그것을 기독교의 초기 몇 세기 동안 이집트에 살았던 많은 기독교인들의 정신성을 보여주는 증거자료로 인용하고자 한다. 그 당시 이집트는 기독교 사상의 신학적 지도자들을 배출하였다. 우리는 이 그리스도의 어록에서 "나무를 쪼개 보아라. 그러면 나는 거기에 있을 것이다."라는 말을 보게 된다. 이것은 내재성을 강조하는 언명의 한 사례에 지나지 않지만, 셈족의 개념과는 중요한 차이를 보인다.

내재성은 잘 알려진 근대의 교설이다. 유의해야 할 점은 내재성이 신약성서의 여러 부분에 함축되어 있을 뿐 아니라 기독교의 초기 신학 시대에는 명시적이었다는 사실이다. 당시 기독교 신학은 플라톤적이었으며, 바울보다는 요한을 따르고 있었다.

근대 세계는 신을 잃어버렸고, 그래서 지금 신을 찾고 있다. 신을 잃어버린 이유를 찾으려면 기독교 역사의 초기로 한참 거슬러 올라가야 한다. 신에 대한 기독교의 교설과 관련하여 교회는 점차 셈족의 개념으로 되돌아가면서 삼위의 인격성을 추가하였다. 이 개념은 명확하고 위협적이며 입증할 수 없는 것이다. 그것은 확고한 종교적 전통에 의해 뒷받침되었다. 또한 사회의 보수적 본능이 그것을 떠받쳤고, 그것을 지지할 목적으로 특별히 구성된 역사와 형이상학이 지원하였다. 게다가 동의하지 않으면 죽음이 있을 뿐이었다.

전체적으로 볼 때 사랑의 복음은 공포의 복음으로 뒤바뀌었다. 기독교 세계는 공포에 떠는 사람들로 채워졌다.

잠언은 "주를 두려워하는 것이 앎의 시작이다."(1장 7절)라고 말한다. 그러나 만약 "하느님은 사랑이시다."라는 말이 사실이라면 이것은 이상한 말이다.

타오르는 불에 휩싸여 나타나서 하느님을 모르는 자들에게, 그리고 우리 주 그리스도의 복음에 복종하지 않는 자들에게 형벌이 있을 것이다. 바울이 말했다.

이런 자들은 주의 현전에서, 그의 권능의 영광에서 멀어져 영원한 파멸의 형벌을 받을 것이다. (데살로니가후서 1장 8, 9절)

이들이 천편일률적으로 전해 주는 모호하지만 믿을 수밖에 없는 전언에 사람들은 당연히 두려워했다.

근대 세계가 신을 찾으려면 두려움이 아니라 사랑을 통해서 찾아야 하며 바울의 도움이 아니라 요한의 도움으로 찾아야 할 것이다. 이러한 결론은 사실이며, 근대 사유의 평범한 진리를 대변하고 있다. 그러나 이것은 사실에 대한 아주 피상적인 기술일 뿐이다.

개혁적인 신학자들은 교리적 편협성에 대한 반발로서 종교적 진리의 단순성을 애호해 왔다. 이런 발상이 어떤 증거에 기초하고 있는지를 이해하기는 어렵다. 과학이 발전함에 따라 우리는 물리적 세계에서 복잡한 상호연관들을 발견하고 있다. 주요 관념들의 경우 어떤 단순성이 있기는 하지만 현대 물리학이 보여주는 세계는 단순하지 않다.

소수의 단순한 개념들로 종교를 설명하는 것은 우리 앞에 놓인 문제에 대한 자의적인 해결책으로 보인다. 그것은 상식일 수 있다. 그러나 그것이 사실인가? 편협한 태도가 야기한 공포에 비추어 볼 때 예민한 사상가들이 종교적 교리를 최소화하려는 것은 자연스런 일이다. 그러나 이런 실용주의적 이유는 위험한 지침이다.

이런 절차는 당면한 시대 상황 속에서 마음에 드는 정서와 호감이 가는 행동을 불러일으키는 데 아주 효과적인 몇몇 관념들 위에 종교를 올려놓는 데서 종결된다. 우리가 이성의 궁극적인 힘을 신뢰하여 진리 분별의 준거로 삼고 있다면 우리에게는 그런 선천적 조건들을 부과할 권리가 없다. 종교적 교리를 단순화하려는 모든 시도는 악의 문제라는 암초에 부딪쳐 난파한다.

이런 단순화의 시도가 있었기에 우리는 신에 관한 다양한 교설의 경우도 그 복잡성 때문에 주로 시달려 왔던 것은 아니라고 생각할 수 있다. 사실상 신에 관한 교설들은 위대한 합리적 종교들을 위해 정식화된 한에서 단순화의 극치였다. 지극히 단순한 이 세 관념은 우리가 어느 하나를 선택하면 다른 것들을 거부해야 하는 상호 배타적인 개념으로 보아서는 안 될 것이다.

모순되는 관념들이 동일한 사실에 적용될 수 있다는 것은 진리일 수 없다. 따라서 상반되는 이들 개념을 조화시키려면 이들을 표현하고 있는 용어들의 의미를 더 면밀하게 분석해야 할 것이다.

2 더하기 2는 4가 된다는 것을 인정하지 않는 사람도 이 명제가 어떤 쓸모가 있는지를 알기까지는 얼마간의 정당성을 가진다. 어떤 일정한 추상적 수준의 사유에서 이러한 진술은 절대적으로 참이다. 그러나 우리가 일단 그 수준에서 벗어나면, 우리는 의미가 근본적으로 변한다는 사실을 인정하게 된다. 언어는 대단히 심오한 관념을 가장 단순한 낱말로 은폐한다. 예를 들어 "2 더하기 2는 4가 된다." 진술에서 "더하기"와 "된다"는 낱말들의 의미는 우리가 이 진술을 활용하는 방식에 의해 전적으로 결정된다.[40]

마찬가지로 신에 대한 생각을 표현할 때 "인격적", "비인격적", "존재"(entity), "개체성", "현실적"과 같은 낱말들은 아주 조심해서 사용해야 한다. 잘못하면 이들 용어를 아무런 확정된 의미도 없이 사용하게 됨은 물론이요, 다른 문맥에서 다른 의미로 사용하게 되는 수가 있기 때문이다.

그런데 기본적인 용어의 의미를 확정하려면 일정한 형이상학적 사유를 통해 구상된 우주에 대한 가장 예리한 기술을 준거로 삼아야 한다.

따라서 합리적 종교가 그 용어들을 엄밀하게 검토하려면 형이상학에 호소하지 않으면 안 된다. 동시에 합리적 종교는 자신의 독자적 증거들을 형이상학에 제공하는데 형이상학은 이들 증거를 고려하면서 우주를 기술해야 한다.

이런 상호 의존성은 모든 주제 영역에서 예증된다. 예를 들어 앞에서 언급했듯이 근대 유럽에서 역사와 형이상학은 셈족의 신 개념을 옹호할 목적으로 구축되었다. 이러한 시도는 어느 정도 정당할 수 있다. 왜냐하면 역사와 형이상학은 모두 지침으로 삼을 모종의 규준을 전제해야 하기 때문이다.

여기서 얻게 되는 결론은 어떤 중요한 이론적 재편성을 목표로

---

40 화이트헤드는 이 산술 명제가 기본적으로 자연의 과정, 더 정확히 말하자면 이 과정의 형식을 기술하고 있다고 생각한다(그의 책, *Modes of Thought*, Part II, Sec. 5 참조). 여기서 '더 하기'는 2와 2가 통합되는 과정을 말하고, '된다'는 이 과정이 4라는 결과를 낳는다는 의미를 가진다. 하지만 과정에서 추상되어, 즉 문맥을 달리하여 단순한 산술의 부분으로 간주되면 이 낱말들은 산술의 연산 규칙을 상징하는 기호가 될 것이다.

할 때 우리가 어느 한 영역의 사유에 틀어박혀서는 안 된다는 것이다. 우리는 과학으로부터 신학을 보호할 수도 없고, 신학으로부터 과학을 보호할 수도 없다. 또 우리는 형이상학으로부터 과학이나 신학을 보호할 수 없으며, 과학과 신학으로부터 형이상학을 보호할 수도 없다. 진리에 이르는 지름길은 없다.

그러므로 종교는 교설의 골격을 구성하면서 우리 지식 전체의 순환에서 비롯되는 변화를 수용해야 하지만 동시에 종교는 직접적인 경험에서 확보한 독자적인 증거를 공급함으로써 그 나름의 기여를 한다.

여기서 종교가 공급하는 것은 무엇보다도 우리의 존재가 단순한 사실들의 연속 이상의 것이라는 인식이다. 우리는 평범한 세계 속에 살고 있다. 이 세계는 상호 적응, 이해 가능한 여러 관계, 가치 평가, 목적을 향한 열정, 기쁨과 슬픔, 자기중심적 관심, 자기초월적 관심, 장단기적인 실패나 성공, 다양한 층위의 느낌, 삶의 권태와 삶의 열정 등을 머금고 있는 세계이다.

언제나 단순한 삶의 사실 너머에 존재하는 삶의 질[41]이 있다. 그

---

41 여기서 '질'이란 표현의 원어는 'quality'이다. 화이트헤드가 이 말을 명확히 정의하고 있지는 않지만 문맥으로 볼 때 대체로 '가치'(value)와 교환 가능한 개념으로 이해할 수 있다. 그런데 이 문단만 놓고 보면 화이트헤드는 기본적으로 근대 이후의 주류 서양철학이 생각해 왔던 것처럼 사실(fact)을 가치중립적(value-free)이라고 생각하는 것처럼 보인다. 그러나 이는 사실이 아니다. 화이트헤드에 따르면 모든 사실은 제각기 자기 나름의 가치를 구현한다(앞의 주 9 참조). 여기서 '현실적이면서도 일시적인 것'으로 표현되고 있는 '사실'은 그의 후기 철학의 범주적 표현으로 하면 '현실적 계기'(actual occasion)이며(앞의 주 14 참조), 우주를 구성하는 궁극적 단위존재, 정확히 말하면 단위사건(unit-event)이다. 이들은 생성하고 이어서 소멸하는 존재, 그래서 공간적으로 미시적일 뿐 아니라 시간적으로도 일시적인 존재이다. 그것은 다양한 현실적 여건들(data), 즉 일정한 가치('질')의 구현자들을

리고 우리가 그 질을 사실 속으로 끌어들일 때, 단순한 사실 너머에 있던 질의 질은 사라진다. 더 고결한 질이 분명한 행복이나 분명한 기쁨과 직접적으로 연결되어 있다는 것은 사실이 아니다. 종교는 그러한 행복과 그러한 기쁨 너머에 현실적이면서도 일시적인 것이 작동하고 있다는 것, 그리고 그것이 이 세계를 특징짓고 있는 질서에 불멸의 사실로서 자신의 질을 제공하고 있다는 것을 직접적으로 파악한다.

수용하여 자기를 구성해 간다. 이 구성의 과정은 자기생성의 과정이요 자기 가치의 구현 과정이다. 그리고 이런 자기생성을 마감하면, 후속하는 계기들에게 주어지는 또 하나의 항구적인 여건(data)이 된다. 그래서 이 미시사건으로서의 사실에서 구현된 가치는 후속하는 계기들(미래의 사실들)의 가치 구현에 항구적으로 기여한다는 점에서 우주 전체의 가치('질의 질') 구현에 참여한다. 그래서 이 '질의 질'로서의 가치는 '일시적일' 수밖에 없는 그 '현실적인' 사실의 경계를 넘어선다. 따라서 이런 가치는 임의의 현실 세계를 전제로 할 때 세계 내재적이면서 동시에 세계 초월적이라고 말할 수 있고, 종교는 이런 가치에 대한 직접적인 통찰의 경험을 형이상학에 증거로 제공한다. 화이트헤드가 자신의 형이상학적 기술(우주론)에서 개별 사실들은 물론이요, 전체로서의 현실 세계도 끊임없이 가치를 구현해 가고 있는 것으로 보는 것도 바로 종교가 제공하는 이런 통찰(궁극적 가치경험)을 중요한 경험적 '증거'로 받아들인 결과라고 할 수 있다.

Religion in the Making

종교와 형이상학
Religion and Metaphysics

종교는 형이상학의 협력을 필요로 한다. 왜냐하면 종교가 빚어내는 강력한 정서는 종교의 신뢰가능성을 위태롭게 하기 때문이다. 이런 정서는 생생한 경험적 증거이긴 하지만 종교를 정확하게 해석하는 데에는 매우 취약한 자료이다.

따라서 종교적 믿음에 대한 냉정한 비판은 무엇보다도 필요하다. 교설의 토대는 의미를 비판적으로 검토하고, 포괄적인 우주에 들어 맞는 가장 일반적 개념들을 표현하려는 합리적 형이상학 안에 자리하고 있어야 한다.

이런 주장은 실제로 실행되지 않는 경우가 종종 있긴 했으나 결코 심각하게 의문시된 적은 없었다. 이 점을 가장 철저하게 무시했던

---

* 이 3장의 내용은 『과정과 실재』의 우주론적 논의에 대한 선이해가 없는 독자는 이해하기 쉽지 않기에 가능한 한 역자 주를 통해 보완한다.

시기 중 하나는 역사적 관심이 지배했던 19세기 중엽이었다.

우리의 믿음을 뒷받침할 수 있는 토대를 역사 연구에서 찾으려는 것은 기이한 망상이다. 우리는 오직 현재의 관점에서만 과거를 해석할 수 있다. 현재는 우리가 가지고 있는 모든 것이다. 그렇기에 우리가 모든 존재자의 표상을 가지고 있는 것으로 현재를 해석할 일반 원리를 이 현재 속에서 찾아낼 수 없다면, 우리는 당면한 현재라는 작은 조각 너머로 한 걸음도 나아갈 수 없다.

따라서 역사는 형이상학을 전제로 한다. 우리는 형이상학적 원리를 확정하지 않고도 과거의 존재를 믿고 또 그것에 대해 말할 수 있다는 반론이 제기될 수 있겠다. 이는 물론 사실이다. 하지만 우리는 오직 현재에 대한 형이상학적 해석을 토대로 이루어지는 과거에 대한 해석으로부터만 형이상학적 교리를 끌어낼 수 있다(저자 주—여기서 형이상학이란 발생하는 모든 것에 불가피하게 관련되어 있는 일반 관념들을 발견하려는 학문을 말한다).

우리의 형이상학적 식견이 암시적인 데 머무는 한, 현재를 모호하게 해석할 수밖에 없고, 그래서 과거 역시 모호하게 해석하게 된다. 그러나 우리의 형이상학적 식견이 최초의 형이상학적 여건(data)에 다가갈 때 마주하게 되는 것은 우리의 눈앞에 주어지는 세계가 전부이다.

이러한 비판은 형이상학에 호소하지 않고 자신을 정당화하려는 과학이나 종교에 똑같이 적용된다. 차이는 종교의 경우 우리의 영혼이 경험적 사실들의 정당성을 존재의 본성 안에서 찾아내려고 갈망한다는 데 있다. "내 영혼이 하느님을 갈망하나이다."라고 시편의 저자는 말한다.

　그러나 과학은 자신의 형이상학을 암시적인 것으로 남겨 두고, 자신의 일반적 기술이 지닌 실용적 가치에 대한 우리의 믿음 배후로 물러날 수 있다. 만약 종교가 그렇게 한다면, 그것은 자신의 교리가 단순히 종교적 감정을 자극하기 위한 쾌락적 관념들에 불과하다는 점을 인정하는 셈이 될 것이다. 과학(적어도 하나의 일시적인 방법적 책략으로서의 과학)은 소박한 믿음[42]에 안주할 수 있다. 그러나 종교는 정당화에 대한 갈망이다. 종교는 더 이상 통찰과 명료성을 추구하지 않게 될 때, 열등한 형태로 전락할 것이다. 신앙의 시대는 합리주의의 시대이다.

42　과학이 구축하는 여러 가설을 가리키며, 이들은 궁극적으로 정당화될 수 없는 것이지만 방법적 장치로서는 효용성이라는 측면에서 정당성을 가지는 것으로 간주된다.

앞의 강의에서는 종교적 경험을 하나의 사실로서 고찰하였다. 그것은 현실적인 우주 안에 예증되는 특성에 대한 광범한 직접적 파악으로 구성된다. 이러한 특성은 그 자체로 특정한 형이상학적 전제들을 포함한다. 우리가 종교적 직관의 객관성을 신뢰할 수 있다면 그만큼 형이상학적 학설들 또한 잘 정초되었다고 생각해야 한다.

이러한 이유 때문에 앞의 강의에서 우리는 종교적 경험에 대한 가장 폭넓은 관점을 견지했다. 만약 이 단계의 사유에서 우리가 주요 흐름들 간의 근본적인 차이점들을 포함시켜 고려한다면, 전반적인 증거 능력은 상당히 약화될 것이다. 따라서 종교적 경험은 초월자로서든 창조자로서든 인격신에 관한 그 어떤 직접적인 증거도 제공한다고 볼 수 없다.

이렇게 드러나는 우주는 철두철미 상호의존적이다. 신체는 정신에 깊숙이 영향을 주고, 또 정신은 신체에 깊숙이 영향을 준다. 신체의 에너지는 그 자신을 열정으로 승화시키고 반대로 열정은 신체를 자극한다. 생물학적 목적은 이상적 표준이 되고, 표준의 형성은 생물학적 사실에 영향을 미친다. 개인은 사회를 만들고, 사회는 개인을 만든다. 특정한 악들이 세계 전체를 오염시키고, 특정한 선들은 출구를 알려 준다.

세계는 덧없는 그림자인 동시에 최종적 사실이다. 그림자는 사실로 이행하여, 그 사실을 구성한다. 그러나 사실은 그림자보다 선행한다. 현실적 사물들의 현실적 추이에 앞서는 천국이 있다. 그리고 바로 이 천국은 이 추이의 완결을 통해 그 자신을 완결한다.[43]

---

43 이 문단에 들어 있는 은유적 또는 직설적 표현들, 즉 "덧없는 그림자", "최종적 사실", "현실적 사물들의 현실적 추이", "천국", "추이의 완결" 등은 『과정과 실재』에서 분석적으로 기술되고 있는 생성(becoming)에 대한 선이해가 없다면 이해하기 어려울 것이다. 간단히 이를 소개한다. 앞의 주 14에서 현실적 계기(actual occasion)는 세계를 구성하는 궁극적 사건이라 했다. 이는 자신에 앞서 생성을 종결한 과거의 현실적 계기들, 즉 '사실'과, 신에게서 주어지는 이상적 형상(영원한 객체들, eternal objects. PR 22)을 여건(data)으로 삼아 자기를 구성하는 과정으로서 존립한다. 따라서 그것은 자기 구성의 과정 중에 있기에 존재(being)가 아니라 생성(becoming)이며, 또한 그렇기에 그것은 '무엇'(whatness)으로 아직 확정되지 않은 것이다. '덧없는 그림자', '현실적 추이'는 바로 이처럼 생성 중에 있는 사건으로서의 현실적 계기를 일컫는 표현이다. 그리고 '최종적 사실'이나 '추이의 완결'이라는 말은 이 자기생성 과정의 종결 국면, 즉 자기 고유의 목적을 실현한 현실적 계기를 가리킨다. 화이트헤드는 생성의 이 마지막 국면을 '만족'(satisfaction. PR 154)이라 부르며, 이렇게 만족한 계기는 '생성'에서 벗어난 '존재'가 되어 후속하는 현실적 계기들, 즉 미래에 생성할 현실적 계기들에게 여건으로 주어지게 된다. 현실 세계의 과정은 이렇게 다수의 여건들을 수용하여 주체로서 생성하고 이어서 소멸하는(그래서 객체 또는 여건이 되는) 계기들로 구성된다. 요컨대 이 문단의 표현으로 하자면 '그림자'는 '사실'이 되고 이 '사실'은 다시 후속하는 '그림자'의 구성에 참여한다는 말이다. 그리고 마지막으로 '천국'은 사전적 의미의 천국이 아니라 신을 가리킨다. 화이트헤드에게서 신 또한 자기를 구성해 가는 현실적 존재(actual entity, 엄밀한 의미에서는 현실적 계기와 구별되지만 생성의 사건이라는 점에서는 동일하다. PR 344-51)이다. 신은 가능한 형상들인 영원한 객체들 전체를 여건으로 받아들여 일정한 질서 속에 구현하면서 생성을 시작한다. 이렇게 영원한 객체들에 대한 파악으로 구성되는 신의 특성은 원초적 본성(primordial nature. PR 343-51)이라 부르는데, 이 문단에서 '현

그러나 천국이 자연 세계를 초월하는 것과 마찬가지로, 이 자연 세계도 천국을 초월한다. 왜냐하면 세계는 악하고, 천국은 선하기 때문이다. 천국은 세계 안에 있지만, 현실 세계의 것은 아니다.[44]

실적 사물들의 현실적 추이에 앞서는 천국'은 바로 이를 가리키는 말이다. 따라서 이 원초적 본성의 신은 현실적 계기들의 추이에 존재론적으로 선행한다. 그리고 신은 자신의 이런 특성과, 과거의 현실적 계기들로 구성된 현실 세계 전체에 대한 경험으로 구성되는 특성인 결과적 본성(consequent nature. PR 343-51)을 통합함으로써 자신을 완성하는 것을 목표로 하는 과정으로서 존재한다. 그래서 화이트헤드는 "이 천국은 이 (현실적) 추이의 완결을 통해 그 자신을 완결한다."고 말하고 있다.

44 앞의 주 43에서 천국은 신이라 했다. 그러므로 이 문단의 핵심은 신이 세계를 초월하고 세계도 신을 초월한다는 말이 되겠다. 그런데 화이트헤드에게서 초월이란 표현은 고전형이상학에서 절대자를 특징지을 때 사용하는 초월과는 다르다. 그에게서 초월은 기본적으로 '제약에서 벗어나는 독립성' 또는 '타자의 간섭을 받지 않는 자율성'을 의미한다. 따라서 이 문단에서 초월이라는 말로 표현하고자 하는 것은 결국 신의 생성이나 현실적 계기들의 생성이 모두 타자의 간섭을 받지 않는 자율적 측면을 가진다는 것이다. 우선 신의 경우 영원한 객체 전체에 대한 경험, 즉 원초적 본성은 현실 세계를 고려하지 않는다. 이는 논리적으로 현실 세계의 생성에 선행하는 사태이기 때문이다. 그래서 이를 화이트헤드는 "무제약적 가치평가"라 부르는데 표현 그대로 어떤 타자의 제약도 받지 않고 영원한 객체들 전체를 평가하여 자기화하는 가운데 자신을 원초적으로 구성한다는 의미이다. 신의 세계 초월성은 기본적으로 이를 두고 하는 말이다. 다른 한편 현실적 계기들은 신의 원초적 본성에서 주어지는 영원한 객체들에 대한 경험에서 자신의 목적(최초의 지향initial aim이라 부른다)을 취하는 한편 과거의 현실 세계에 대한 경험을 소재로 삼아 이 목적을 구현하게 된다. 그런데 이 자기구성이 시작 국면에서는 신과 과거의 결과를 수용한다는 점에서 타자의 제약을 받는다고 할 수 있지만, 일단 생성이 시작되면 더 이상 신이나 현실 세계의 개입을 허용하지 않는 철저한 자율적 생성의 과정이 된다. 심지어 신에게서 주어진 최초의 지향마저 수정할 수 있는 것으로 간주된다. '자연 세계가 신을 초월한다'는 것은 바로 이런 의미에서이다. 자연 세계는 생성하는 현실적 계기들로 구성되기 때문이다. 마지막으로 천국, 즉 신은 세계 안에 있지만 세계에 귀속되지는 않는다고 했다. 우선 신이 세계 안에 있다는 것은 신이 그 결과적 본성에서 완결된 세계 전체를 경험하면서 세계와 구체적으로 관계한다는 말이다. 신은 세계 초월성과 대비되는 세계 내재성을 갖는다는 것이다. 그런데 그럼에도 '신은 세계에 귀속되지 않는다.'고 한다. 이는 신이 경험하는 세계가 이미 생성을 마감한 과거의 세계이며, 현재 생성 중인 세계와는 무관하다는 것을 의미한다. 방금 지적했듯이 이 후자의 세계에서 보자면 신과 세계의 관계는 상호 초월의 관계에 있다. 따라서 신은 이 세계에 완전히 귀속된다고 볼 수 없다.

경험하고, 사고하며, 신체적으로 활동하는 세계, 곧 현실 세계는 다수의 상이한 존재들의 공동체이다. 그리고 이러한 존재들은 공동체 전체의 공동 가치에 기여하기도 하고 이를 훼손하기도 한다. 동시에 이 현실적 존재들은 그 자체로 그 자신의 개별적이고 독자적인 가치들이다. 그들은 공동 자산에 편입되지만 그러면서도 그들은 홀로 겪어 낸다. 세계는 공동체 안에 있는 고독의 장(場)이다.[45]

존재들의 개체성은 그들의 공동체만큼 중요하다. 종교의 주제는 공동체 안에 있는 개체성이다.[46]

---

45 화이트헤드가 말하는 '고독'은 앞의 주 44에서 언급한 초월성, 곧 자율성의 다른 표현이라 할 수 있다. '홀로 겪어 낸다'는 말은 공동체 가운데 있음에도 불구하고 아무런 지침이나 준거도 없이 자신의 가치 실현을 위해 순수하게 주체적으로 '결단'(PR 150)해야 하는 상황을 표현한다. 이 결단은 실존주의자들, 예컨대 키에르케고르가 명시적으로 말한 실존적 '결단'과 닮아 있고, 사르트르가 '실존이 본질에 앞선다.'는 표현으로 강하게 시사한 적이 있는 실존 주체의 절대자유와도 일맥상통한다고 볼 수 있다. 이런 저술상의 흔적들을 놓고 볼 때 '주체의 자유로운 결단'이라는 관념은 19세기 중반에서 20세기 초에 이르는 시기에 서구 유럽의 지성이 암암리에 공유하고 있었던 것이 아닌가 생각된다.

46 현실적 계기들은 후속하는 세계의 가치에 기여하기에 앞서 제각기 그 자신의 고유한 가치를 구현한다. 그리고 종교는 바로 이런 개체의 가치, 즉 개인의 삶과 존재 의미에 주목한다는 점에서 다른 경험의 영역과 차별화되는 독특하고도 중요한 영역이 된다.

형이상학은 기술(description)**47**이다. 형이상학의 정확성을 해명하기 위한 논의는 필요하지만, 이러한 논의는 기술 그 자체와는 무관

---

47 '설명'(explanation)과 대비되는 표현이라고 할 수 있다. 기술은 무엇(what)에 대한 답변으로서, 대개 본질이나 본성을 보여준다. 이에 반해 설명은 왜(why)에 대한 답변으로, 이유 또는 근거(reason)를 밝힌다. 화이트헤드는 형이상학의 역할이 세계의 궁극적인 존재 이유를 밝히는 데 있다고 보지 않았다. 그는 "왜 무가 아니고 존재인가?" 따위의 물음을 사이비 물음(pseudo-problem)이라고 보았다. 답변 불가능한 물음이기 때문이다. 위(본문 96쪽)에서 보았듯이 우리에게 주어져 있는 "형이상학적 여건"은 "현재(의 경험)가 전부이다." 그런데 형이상학적 사변의 출발점이 되는 이 "현재"(present), 즉 우리의 현재적 경험 속에는 그것이 무엇인지를 짐작할 수 있게 하는 것들이 들어 있으나 그것이 궁극적으로 왜 존재하게 되었는지를 짐작할 수 있게 하는 그 어떤 것도 찾아볼 수 없다. 그래서 그의 사변철학이 구성한 우주론은 '일차적으로' 우리를 포함한 지금의 우주가 어떤 성격의 것인지를 가장 일반적인 지평에서 "기술"하여 보여주려는 시도로 나타나 있다. 물론 이런 기술의 산물인 이 우주론은 우리가 왜 이처럼 다양한 지평, 다양한 층위에서 다양한 경험을 하게 되는지를 '부차적으로' 설명한다. 개인적인 생각일 수 있지만, 실제로 그의 형이상학적 사변이 기술해 낸 우주론적 도식은 인간에게 가능한 다양한 경험들, 즉 일상적인 감각경험은 물론이요, 추상적 이론을 매개로 하는 과학적 경험, 종교적, 윤리적, 예술적 경험에서의 가치경험 등을 정합적으로 "설명"하는 데 있어 다른 어떤 사변 체계보다 강력한 설득력을 가지고 있다.

하다. 정확성의 시금석은 논리적 정합성(logical coherence)[48], 충분성 (adequacy)[49], 그리고 예증(exemplification)[50]이다. 형이상학적 기술은 특정한 관심 분야에서 출발하고 그 밖의 다른 분야에서 그 기술이 충분하고 예증된다는 것을 보여줌으로써 확정된다(저자 주—내 저술 『과학과 근대 세계』는 이 형이상학적 기술을 과학에 적용한 사례이다). 아래의 기술은 종교적 경험이 전해 주는 것과 직접 비교하기 위해 정리해

48 논리적 일관성(consistency)과 혼동하기 쉽지만 구별해야 한다. 일반적으로 임의의 체계가 논리적 일관성을 가진다는 것은 그 내부에 논리적 모순이 없다는 것을 의미한다. 그런데 화이트헤드가 말하는 논리적 정합성은 문제의 체계가 논리적으로 일관될 뿐 아니라 그 체계를 구성하는 기본 명제나 개념들이 상호 관계를 통해 서로의 의미를 확정지어 주고 있다는 것을 특징짓는 개념이다(PR 3). 이 개념은 화이트헤드가 자신의 철학을 "유기체 철학" (organic philosophy)이라 부르고 있다는 사실과 무관하지 않다. 생물학적 유기체의 경우, 그 부분들은 그 유기체의 다른 부분과의 상관관계 및 그 유기체 전체와의 상관관계 속에서만 지금의 그 특성을 가진다고 할 수 있다. 마찬가지로 화이트헤드가 말하는 기본 주장이나 개념들은 그의 다른 주장, 다른 개념들 및 우주론 체계 전체와의 연관 속에서만 그 의미가 온전히 규정된다. 화이트헤드는 존재를 유기적 구조의 것으로 보았을 뿐 아니라 그에 대한 충실한 기술(description) 또한 유기적일 수밖에 없다고 생각했던 것으로 보인다. 이는 물론 그의 철학을 쉽게 이해할 수 없게 만드는 요인이긴 하지만 체계의 논리적 측면을 강조하고 있다는 점에서 그의 철학이 합리주의적 전통을 계승하는 지점이다.

49 우주론 체계가 인간의 다양한 경험 영역을 설명하는 데 충분하다는 의미이다(PR 3-4). 화이트헤드가 보기에 과거의 체계들은 인간의 경험 영역 가운데 특정한 경험 영역을 배제하거나 평가 절하하는 방식으로 대처해 왔다는 데서 충분한 것이 아니었다. 예컨대 근대의 기계론적 세계관이 그랬다. 특히 그것이 낳은 이분화(bifurcation)된 자연, 즉 제1성질과 제2성질에 관한 논의는 결국 후자를 자연에서 추방하여 인간이 빚어내는 주관적 사태로 몰고 갔다. 이것은 불충분한 체계의 대표적 사례이다. 이에 반해 화이트헤드의 체계는 그 어떤 영역의 그 어떤 경험 현상도 단순한 주관적 착각이나 환상으로 돌리지 않고 나름의 실재적 지위를 가지는 것으로 해명해 낸다는 점에서 이 요건에 부합하고자 최대한 노력하고 있다고 볼 수 있다.

50 우주론 체계가 기술하는 내용이 구체적인 경험에 의해 뒷받침되어야 한다는 말이다 (PR 3-4). 이렇게 경험과의 접점을 확보하지 못하는 기술이나 주장은 글자 그대로 공론이다. 충분성과 더불어 예증가능성에 대한 언급은 화이트헤드의 철학이 가지고 있는 경험론적 측면을 대변한다.

놓은 것이다.

존재하는 모든 것을 포괄하는 것으로 생각되는 우주를 분석하는 데에는 여러 가지 길이 있다.[51] 따라서 기술할 때는 이런 다양한 분석의 경로를 서로 연관시키는 것이 필요하다. 우선 (1) 시간 속에 있는 일시적인 현실 세계와 (2) 이 세계의 형성에 참여하는 요소들로 나누어 보자.

이 형성적 요소들 자체는 현실적인[52] 것도 일시적인 것도 아니다. 형성적 요소들은 비현실적(non-actual) 또는 비시간적(non-temporal) 요소로서, 현실적이고 시간적인 것에 대한 분석에서 드러나는 것들이다.

그것들은 현실적인 시간적 세계의 형성적인 특성을 구성한다. 우리는 이 시간적 세계와 이 세계의 특성을 구성하는 형성적 요소들 이외에는 아무것도 알지 못한다. 우리가 아는 한, 시간적 세계와 그

---

51 아래에서 보듯이 화이트헤드는 기본적으로 두 가지 방식을 택한다. 하나는 시간적 세계를 형성적 요소로 분석하는 것이고, 다른 하나는 시간적 세계를 현실적 계기들로 분석하는 것이다. 전자는 세계를 그 구성원리나 원리적 존재로 분석하는 것이고, 후자는 세계를 그 구성요소(구성원)로 분석하는 것이다. 철학사에서 예를 들자면 아리스토텔레스가 개체적 실체를 질료와 형상으로 분석한 것은 전자의 사례이고 그가 세계를 개체적 실체들의 구성체로 본 것이나 고대나 근대의 원자론이 세계를 원자들의 구성체로 본 것은 후자의 사례이다.

52 화이트헤드 철학에서 가장 빈번하게 등장하는 용어로 원어는 'actual'이다. 이 말은 'actus'의 파생어로 작용이나 활동의 의미를 담고 있다. 그래서 앞서 '덧없는 그림자'로 은유되었던 생성하는 존재들은 모두 역사 속에서 구체적으로 활동하는 존재이기에 '현실적'인 것이라 말할 수 있으며, 이들을 통칭하여 현실태(actuality)라고 한다. 이에 대비되는 표현은 가능태(possibility)라는 말인데, 보통 수나 성질과 같이 추상적으로 파악할 수 있는 것들의 존재 방식을 가리킨다. 오늘날 양상논리(modal logic)가 다루는 현실, 가능, 필연도 바로 이런 존재 방식(mode)의 분류에 따른 것이다. 그리고 이 일련의 범주적 어법이 모두 아리스토텔레스의 철학에서 연원한다는 것은 말할 것도 없겠다.

것의 형성적 요소들이 포괄적인 우주를 구성한다.

이 형성적 요소들은 다음과 같다.

1. 창조성(creativity). 이에 힘입어 현실 세계는 새로움(novelty)을 향한 시간적 추이(passage)라는 특성을 지니게 된다.[53]

2. 이상적 존재들(ideal entities) 또는 형상들(forms)의 영역.[54] 이들 존재 그 자체는 현실적인 것이 아니지만, 관련성의 정도에 따라 현실적인 모든 것에서 예증된다.

---

[53] 창조성은 과정 철학의 중심 개념이다. 단적으로 말하면 이는 무엇인가를 낳은 힘, 활동성 그 자체이다. 이는 어떤 특성으로 규정할 수 없다. 왜냐하면 특성이란 것은 하나같이 창조성을 기반으로 구현되는 것들이기 때문이다. 그래서 화이트헤드는 이를 무규정자라 부르며, 존재 분석을 위한 궁극적 범주라는 의미에서 보편자들의 보편자라거나 궁극자(the ultimate)라고 말한다(PR 21-2). 창조성은 그 자체로는 어떤 특정한 규정성을 갖지 않지만 다른 모든 것들의 존립 근거가 된다는 의미에서 궁극자라는 것이다. 현실적 존재와 관련하여 말하자면 창조성은 현실적 존재의 생성, 즉 주어진 여건인 다(多)를 결합하여 새로운 일(一)로서의 자신을 산출해 가는 과정의 내재적 힘이다. 사실상 현실 세계는 이런 과정들(현실적 계기들의 생성)로 구성되는 것이기에, 창조성은 하나하나의 생성하는 현실적 계기들을 통해 자신을 드러내고 있다고 말할 수 있다. 그렇지만 바로 그렇기 때문에 창조성은 그 자체만으로는 독자적이고 초월적인 현실적 작인이라고 할 수 없는 것이다(PR 222). 그것은 어디까지나 생성의 사건을 통해서만 구현되기에 그 자체로는 가능태이다. 창조성이 현실적 작인으로 기능하기 위해서는 다른 형성적 요소와 협력하여야 하며 이런 구체적인 협력의 현장이 바로 생성하는 현실적 계기 또는 현실 세계이다.

[54] 범주적으로 영원한 객체(eternal object. PR 22)라 부르는 것으로 플라톤의 형상(이데아)을 변용한 개념이다. 사실 서양 철학에서 본질주의는 예외 없이 이 개념을 활용해 왔다고 볼 수 있다. 하지만 플라톤의 형상과 달리 화이트헤드는 궁극적 실재를 현실적 존재로 상정하고, 이상적 형상은 이들 현실적 존재를 한정하는 기능을 통해서만 존립하거나 반복적으로 구현될 수 있는 가능태로 보고 있다. 이런 측면에서 창조성과 동일하며, 그렇기에 플라톤의 형상보다는 아리스토텔레스의 에이도스(eidos)에 가깝다고 말할 수 있겠다. 여기서 영역이라는 말은 이런 가능한 한정자(영원한 객체)들의 무한집합을 염두에 두고 하는 말이다.

3. 현실적이지만 비시간적인 존재(the actual but non-temporal entity).[55]
이 존재에 힘입어 순수한 창조성의 미결정성(indetermination)이 결정된
자유로 변화된다.[56] 이 비시간적인 현실적 존재는 사람들이 신이라 부

55 화이트헤드가 말하는 신은 앞의 주 43 및 44에서 잠시 언급한 적이 있다. 신은 앞의 두 형성적 요소와 달리 생성을 통해 존립한다는 점에서 현실태이다. 그러나 그렇다고 완전한 초월적 작인으로 간주되지 않는다. 신의 생성 역시 타자(여건)를 필요로 한다. 그것은 먼저 이상적 형상들의 영역을 자기화하면서 생성을 시작하는 데 이 측면은 그의 원초적 본성(primordial nature, PR 31)을 구성하게 된다. 그런데 이상적 형상들은 시간 초월적 가능태이기에 이들을 기반으로 하는 원초적 본성에서 신은 시간적 세계를 초월한다고 말할 수 있다. 그러나 다른 한편 신은 시간적인 현실 세계 또한 자기화하고 이렇게 생겨난 자신의 특성, 즉 결과적 본성을 다시 원초적 본성과 통합해야 한다. 이 통합의 과정이 온전한 의미의 신, 즉 생성하는 신이며 비시간적인 현실태(PR 46)라는 표현은 이렇게 생성하는 신을 특징 짓는 말이다. 그런데 신이 이처럼 결과적 본성을 필요로 한다는 점에서 신은 세계 의존적이며, 따라서 세계와 관계하는 존재, 곧 세계 내재적인 존재가 된다. 참고로 좀 더 덧붙이자면 『과정과 실재』에서는 형성적 요소라는 표현이 사라지고 신이 시간적인 현실적 계기와 구별되는 '현실적 존재'(actual entity)라는 점, 다시 말해 현실적 계기와 달리 그 생성이 시공간에 직접 연루되지 않는 존재라는 점만 부각되고 있다(PR 77). 아마도 이는 신이 온전한 의미에서의 형성적 요소라고 보는 데 무리가 있다는 생각에서일 것이다. 왜냐하면 신은 사실상 다른 형성적 요소들인 창조성과 이상적 형상을 구현하면서 존립하고 있다는 점에서 하나의 피조물로 간주되어야 하기 때문이다. 더 정확하게 말하자면 신은 현실적 계기들에게 주어지는 이상적 형상들의 원천이 된다는 점에서 현실 세계와 관련해서는 여전히 형성적 요소라고 할 수 있으나, 신 그 자체를 놓고 보자면 나머지 형성적 요소들로 구성되는 존재라는 점에서 이들 소에 의해 해명되어야 하는 현실태 가운데 하나일 뿐이라는 것이다.

56 '순수한 창조성의 미결정성'은 창조성 자체의 무규정성 또는 규정되지 않는 창조성을 의미하고, '결정된 자유'는 현실적 계기의 생성 과정에서 규정된 창조성을 표현하는 말이다. 그렇다면 이 문장은 신의 개입에 의해 무규정적 창조성이 규정된 창조성으로 전환된다는 말로 고쳐 쓸 수 있겠다. 그리고 이는 다음과 같은 과정을 함의한다. 현실적 계기의 생성은 이미 생성을 마친 현실 세계 전체와 신을 자기화하면서 시작된다. 그런데 그 출발은 문제의 계기가 구현하고자 하는 이상적 목표를 마련하면서 시작된다. 이 목표를 제공하는 것이 바로 신이다(PR 224). 이는 '최초의 지향'(initial aim)이라 부르는 것으로, 현실적 계기는 신을 이 이상적 목표의 제공자로 경험하면서 생성의 주체로 등장하게 된다. 이것이 창조성과 시간적 세계 사이에 신이 개입하는 기본적인 방식이다. 그런데 시간적 계기가 이 이상적 목표를 실현하려면 그 소재가 있어야 한다. 이 소재가 되는 것이 바로 과거의 현실 세계 전체이다. 여기서 계기는 주체적 결단의 과정을 통해 이렇게 주어진 현실 세계의 여건들을 자유롭게 취사선택하고 또 평가한다. 물론 그 준거가 되는 것은 최초의 지향이다. 그리고 이때

르는 것으로, 합리적 종교의 지고한 신이다.

이 형성적 요소들의 지위를 좀 더 해명하려면 현실 세계에 대한 또 다른 방식의 분석에 호소해야 한다.

현실적이고 시간적인 세계는 다수의 현실화된 계기들로 분석될 수 있다. 이들은 시간적 세계를 구성하는 궁극적인 현실적 단위존재들이다. 이들 각각의 계기를 "획기적 계기"(epochal occasion)[57]라고 부

의 자유는 무규정적 창조성이 함의하고 있던 무제약적 자유가 시간적 계기 속에 구현되는 방식이라 할 수 있다. 이는 시간적 계기의 생성은 창조성이 시간적 세계 속에 구현되는 방식인 것과 마찬가지이다. 그런데 그렇기는 하지만 이때의 창조성이나 자유는 모두 제약된 것이다. 왜냐하면 과거의 현실 세계라는 환경의 결정적인 제약 하에서 작동하는 것이기 때문이다. 화이트헤드가 신의 개입에 힘입어 순수한 창조성의 무규정성이 결정된 자유로 전환된다고 말하고 있는 것은 바로 이런 의미에서이다.

[57] 원어는 'epochal occasion'이며, '현실적 계기'를 달리 표현한 말이다. 그런데 여기서 '획기'(epoch)라는 표현은 현실적 계기의 특성과 관련하여 중요한 함축을 지니고 있다. 기본적으로 이 표현은 '중지', '주기' 등을 뜻하는 말로, 후설(E. Husserl)이 판단중지(Epochē)라는 표현으로 사용한 적이 있긴 하지만 화이트헤드는 존재론적 문맥에서 전혀 다른 의미로 사용하고 있다. 무엇보다도 화이트헤드는 위의 두 가지 어원적 의미를 모두 받아들이고 있다. 그에 따르면 현실적 계기의 생성 과정은 시공간 속에서 일어나는 과정이 아니라 시공간에 존재론적으로 선행하는 과정이다. 따라서 이 과정은 변화의 과정, 즉 시공을 전제로 하는 과정이 아니라 시공 밖에서 이루어질 수 있는 생성의 과정이다. 시간과 공간은 이들 생성하는 현실적 계기들의 계기(succession)와 공존(coexistence)에서 비로소 구현되는 가능태들이다. 여기서 획기는 현실적 계기들의 생성이 이런 불변하는 과정, 즉 변화가 중지된 과정임을 표현한다. 다음으로, 일반적으로 주기는 글자 그대로 일정한 시간 연장을 필요로 한다. 그래서 이 최소한의 시간 연장을 분할할 경우 주기라는 사태는 사라질 것이다. 마찬가지로 현실적 계기의 경우도 이를 획기적 계기라 부르는 까닭은 바로 이처럼 그것을 시간적으로 쪼갤 경우 그 현실성이 사라진다는 점을 말해 준다. 현실성, 곧 활동성은 최소한의 시공 연장을 필요로 한다고 해야 하기 때문이다. 그래서 화이트헤드는 자신의 철학을 생성의 원자론이라 부르고 있기까지 하다. 궁극적 단위생성의 미시사건은 시공간적으로 쪼갤 수 없다는 말이다(화이트헤드는 이에 기초한 시간 이론을 '시간의 획기성 이론'epochal theory of time이라 부른다. PR 68, 283).

르기로 하자. 그렇다면 현실 세계는 획기적 계기들의 공동체이다. 물질세계에서 각각의 획기적 계기는 명확히 한정된 물리적 사건으로서 시간과 공간 모두에서 제한되지만, 충만한 공간적 차원은 물론이요 시간적 지속성도 가진다.

획기적 계기들은 현실 공동체의 궁극적 단위존재이며, 공동체는 이 단위존재들로 구성된다. 그러나 각각의 단위존재는 본성상 공동체의 다른 모든 구성원과 관계를 가지며, 다른 구성원들 또한 그러하다. 그래서 각각의 단위존재는 포괄적인 우주를 자기 안에 반영하는 소우주가 된다.[58]

이 획기적 계기들은 피조물이다. 현실 세계가 시간적 특성을 갖게 되는 까닭은 이제 창조성과 피조물에서 찾을 수 있다. 왜냐하면 창조성은 그것의 피조물과 분리될 수 없기 때문이다. 피조물은 창조성과 함께한다. 따라서 피조물에 주어지는 창조성은 피조물과 함께하는 창조성이 되고, 이로 말미암아 창조성은 또 다른 국면으로 나아간다. 그것은 이제 새로운 피조물에 주어지는 창조성이다. 그래서 창조 작용의 이행(transition)이 있게 되며, 이러한 이행은 물리적 세계에서 시간적 연속의 경로라는 외양을 띠고 나타난다.[59]

---

58 인간은 우주(대우주) 안에 있는 또 하나의 작은 우주라는 발상을 유비적으로 표현하는 말로, 중세 스콜라 철학에서 유래하긴 했으나 라이프니츠가 재론하면서 널리 알려지게 된 개념이다. 그에 따르면 단위존재인 모나드(Monad)는 신의 예정조화에 따라 전 우주(다른 모나드들 전체)를 반영한다. 그러나 라이프니츠의 모나드가 벽에 창이 없어서 세계를 반영하려면 신의 매개(예정조화)가 필요했던 데 반해, 화이트헤드가 말하는 현실적 계기는 벽 자체가 없어서 다른 존재와 직접 소통하며 이 소통이 그 계기의 정체성을 형성한다는 점에서 다르다.

창조성의 이런 변화무쌍한 특성 때문에 우리는 창조성을 하나의 현실적 존재라고 생각할 수 없다. 그것은 아무런 결정성도 지니고 있지 않기 때문이다. 마찬가지로 그 때문에 우리는 시간적 세계를 명확하게 한정된 현실적 피조물로 간주할 수도 없다. 시간적 세계는 본질적으로 미완(incompleteness)의 세계이기 때문이다. 그것은 현재 의 관점에서 바라본 과거 역사 속의 한 사건이 가진다고 볼 수 있는, 그런 결정된 물리적 사태라는 특성을 가지지 않는다.

하나의 획기적 계기는 하나의 구체화작용(concretion)이다.[60] 그것 은 다양한 요소들이 모여들어 하나의 실재적 통일성(real unity)을 이 루는 방식이다. 이러한 구체화작용을 떠날 때 이 요소들은 상호 고 립된다. 따라서 하나의 현실적 존재는 창조적 종합의 산물로서 개별 적이고 일시적인 것이다.

이때 통일되는 다양한 요소들은 다른 피조물과 이상적 형상과 신 이다. 이 요소들은 단순한 무제약적 집합체를 구성하고 있지 않다. 그런 경우라면 오직 단 하나의 피조물만이 존재할 수 있을 것이다. 구체화작용에서는 피조물들이 이상적 형상들에 의해 제약되며, 반 대로 이상적 형상들은 피조물들에 의해 제약된다.[61] 따라서 이런

---

59 창조 작용의 이행(transition)은 합생(concrescence)이라 부르는 현실적 계기의 내재적 창조 작용과 구별된다. 합생은 다자로서 수용된 여건들을 놓고 주체적 결단에 의해 통합해 가는 계기의 내적 과정을 가리키고, 이행은 생성을 마감한 계기들이 새로운 계기의 생성에 참여해 들어가는 계기들의 외적 과정을 가리킨다. 화이트헤드는 전자를 소우주적 과정, 후 자를 대우주적 과정이라 부른다(PR 214-15).

60 형성적 요소에 속하는 가능태인 이상적 형상과 창조성을 구체적인 현실태의 특정한 과정으로 구현하는 작용, 요컨대 현실적 계기의 내적 생성(합생)을 말한다.

방식으로 출현하는 획기적 계기는 그 본성상, 형상들을 제약하고 있는 다른 피조물들을 취하고, 이와 유사하게 이들 피조물들을 제약하고 있는 형상들을 취한다.[62] 그래서 획기적 계기는 이런 요소들 간의 상호 한정의 결과로 출현하게 되는 한정된 피조물이다.

61 현실태는 이상적 형상들에 의해 제약됨으로써 구체적인 무엇으로 한정되고, 동시에 이상적 형상은 다른 어떤 것의 한정자가 아니라 바로 그 문제의 계기의 한정자가 됨으로써 그 일반성(추상성)이 제약된다.

62 현실적 계기가 자기화(appropriation)하는 이상적 형상들은 이미 어딘가에 구현된 것들이다. 다시 말해 그것들은 신이 이미 자기화한 것이거나 과거의 계기들이 자기화한 것들이다. 따라서 현실적 계기는 형상의 일반성을 제약하고 있는 다른 계기들을 자기화하거나 이미 그 계기들의 한정자로서 구현되어 있는 형상들을 자기화한다.

신과 도덕적 질서
God and the Moral Order

모든 피조물에 신이 참여하고 있다는 사실은 특정하게 한정된 결과를 출현시키는 결정 작용에서 드러난다. 신은 모든 창조적 국면[63]에서 반드시 고려되어야만 하는 비시간적인 현실태(non-temporal actuality)이다.[64] 이러한 모든 국면은 그것에 선행하는 존재들과의 관계에서 결정되고 이런 결정을 통해 공동 질서에 순응하게 된다.[65]

---

63 생성하는 각각의 현실적 계기를 가리킨다.

64 앞서 말했듯이 신은 시간적인 현실적 계기와 구별되는 비시간적인 현실적 존재이다 (주 57 참조). 신은 그 원초적 본성을 구성하는 이상적 형상, 즉 영원한 객체들 가운데 일부를 시간적 계기에 최초의 지향(initial aim)으로 제공함으로써 시간적 계기가 이를 수용하여 자신의 생성을 시작할 수 있게 한다. 따라서 창조성의 무규정적 힘은 이런 형상에 의해 규정(결정)되기에 이른다. 말하자면 그것은 이제 특정한 형상을 구현하는 힘으로 문제의 계기에 내재하게 된다. 따라서 한정된 개체가 출현하는 근거는 일단 신의 원초적 본성, 더 정확히 말하자면 이 본성에서 주어지는 최초의 지향에 있다고 할 수 있다(PR 244). 바로 앞의 문장 즉 '신의 참여'가 '특정하게 한정된 결과'를 출현하게 한다는 표현은 이를 두고 하는 말이다.

65 최초의 지향을 수용하면서 생성을 시작하는 계기는 동시에 그에 앞서 이미 생성을 끝

추상적 형상의 영역에 있는 무수한 가능태들은 각각의 창조적 국면을 여전히 비결정적인 것으로 남겨 둘 것이며, 그래서 이들 각각의 창조적 국면은 그 현실적 기원이 되는 피조물들을 결정된 조건 하에서 종합하지 못할 것이다. 세계에 균형 잡힌 질서를 부과하는 특정한 결정 작용은 모든 국면에 자신의 불변하는 일관된 특성을 부과하는 현실적 존재를 필요로 한다.

이런 방식으로 창조적 비결정성은 결정의 척도를 확보하게 된다. 우리가 이 결론에서 멈춘다면 비교적 단순한 형이상학이 성립하게 될 것이다. 그래서 완전한 결정론은 시간적 세계의 완전한 내적 일관성을 의미하게 될 것이다. 이것은 형이상학적 개념들의 충분성[66]을 신뢰하는 경향이 있는 모든 사상가들의 결론이다.

이런 결론의 난점은 우리가 그 이론을 세계의 사실들과 비교할 때 생겨난다. 만약 완전한 결정론이 신의 본성에 대한 순응의 필연성을 근거로 참이라고 한다면, 세계 내의 악은 신의 본성에 따라 생겨나는 셈이 될 것이다.

그런데 악은 육체적 고통과 정신적 고통에서, 그리고 더 열등한

낸 다른 모든 계기들(과거의 현실 세계)도 여건으로 수용한다. 그래서 이때 이 과거의 세계에 구현된 질서는 계기의 생성을 일정 부분 제약하며 이런 제약의 관계를 화이트헤드는 인과관계로 이해한다. 과거의 계기들은 작용인(efficient cause)이고 이들로부터 출현하는 계기는 그 결과라는 것이다. 그리고 신 또한 최초의 지향으로 새로운 계기를 유혹할 때, 그 계기에 앞서 생성한 계기들 전체, 즉 과거의 현실 세계 전체를 고려하여 그 시점, 그 장소에 가장 적절하다고 판단되는 이상적 형상을 제공한다. 이런 의미에서 생성하는 계기를 결정하는 것은 과거의 세계 전체와 신의 공동 작업이라 할 수 있고, 그래서 화이트헤드는 세계와 신은 시간적 계기의 공동 창조자라고 말한다.

66 앞의 주 49 참조.

경험 때문에 더 우등한 경험이 희생될 때 나타난다. 모든 악의 공통된 특성은 현실에서 악이 실현될 때 그것을 제거하려는 어떤 목적이 동시에 작동한다는 점이다. 이 목적은 악을 피해 가기 위한 도피로를 확보하는 것이다. 악이 불안정한 것이라는 사실에서 세계에 도덕적 질서가 있게 된다.

악은 그것이 향유되고 있는 한, 그 자체로는 선한 것이다. 그러나 그 자체의 향유를 넘어설 때 그것은 그보다 더 고결한 것들을 파괴하는 작인이 된다는 점에서 악한 것이다. 더 완전한 사실의 총체 가운데서, 악은 조건 없이 선이라고 할 수 있는 것이 지니는 창조성과 달리 무(nothingness)를 향한 하강을 공고히 해왔다. 악은 적극적이고 파괴적이며, 선은 적극적이고 창조적이다.

악의 이러한 불안정성이 필연적으로 진보를 수반하는 것은 아니다. 반대로 악은 본성상 세계로 하여금 여러 형상의 달성에 실패하도록 하는 가운데 자신을 드러낸다. 생물 종들은 더 이상 존재하지 않게 되거나, 그 악의 형상의 가능성보다 낮은 단계로 가라앉고 만다. 예를 들어 그 구성원들이 항상 고통 속에 있는 종은 멸종되거나 그 고통을 가져다주는 민감한 지각을 퇴화시키거나 아니면 신체적 부분들 사이의 더 섬세하고 예민한 관계를 발달시키게 된다.

그러므로 악은 파괴나 퇴화 또는 고양을 통해 제거의 기능을 수행한다. 그러나 악은 그 본성상 불안정하다. 악이 빚어내는 퇴화의 상태는 그처럼 퇴화되지 않았을 때의 상태와 비교하지 않는다면 그 자체로 악한 것은 아니라는 점에 주목할 필요가 있다. 돼지는 악한 짐승이 아니다. 사람이 지닌 더 예민한 요소들이 퇴화하여 돼지의 수준으로 떨어진다 해도 돼지가 악하지 않듯이 그 역시 악하다고 할 수 없다. 최종적인 퇴화의 악은 현재 상태와 그렇지 않았을 수도 있었던 상태와의 비교 속에서 성립한다. 퇴화의 과정에서 이런 비교는 인간 그 자신에게 악이 되며, 그 최종적인 단계에서는 타자에게 악한 것으로 남게 된다.

그러나 타자에 대한 악이라는 이 마지막 논점과 관련하여, 충분히 포괄적인 관점에서 본다면, 최종적인 퇴화의 확정적 상태에 도달한 것은 아니라는 점이 분명해진다. 왜냐하면 사회와의 관계나 여러 간접적인 효과들이 고려되어야 하기 때문이다. 또한 파괴가 일어났을 때, 그 파괴는 파괴된 존재에게는 악이 아니다. 왜냐하면 그 존재는 이미 없기 때문이다. 그 밖에 악은 사회적 환경을 손상시키기도 한다. 존재들이 서로 상충되는 목적을 지향할 때 악이 있게 되는 것이다.

세계 속에서 악과 선의 대비는 악의 소란과 "모든 이해를 뛰어넘는 평화"[67] 사이의 대비이다. 본성상 선한 것에는 자기보존성이 내재한다. 그래서 그것은 외부로부터 파괴될 수는 있지만 내부로부터

---

67 원어는 "peace which passeth all understanding"이며, 빌립보서(Philippians) 4장 6-7절에 들어 있는 다음과 같은 약속을 표현하는 문장의 일부이다. "어떤 일에도 근심하지 말고 모든 상황에서 감사하는 마음으로 기도하고 간구하며 하느님께 소원을 말하시오. 모든 이해를 뛰어넘는 하느님의 평화가 예수 그리스도 안에서 여러분의 마음과 생각을 지켜 줄 것이다." 여기서 '모든 이해를 뛰어넘는 하느님의 평화'라는 표현은 결국 다음과 같은 의미를 함축하고 있는 것으로 보인다. 즉 감사하는 마음으로 기도하는 사람들은 하느님의 평화가 지켜 줄 것이다. 그래서 그들은 이 초자연적인 평화를 얻을 뿐 아니라 그의 마음과 정신이 평화에 의해 보호받고 있음을 알게 될 것이다. 하지만 이 초자연적 평화를 이해할 수는 없다. 그리스도 밖에 있는 자는 특히 그렇다.

파괴될 수는 없을 것이다. 공감 능력이 부족한 선한 사람들은 자신들의 이기적인 선을 향유할 뿐, 냉정하면서 보수적인 경향이 있다. 더 높은 수준에서 본다면, 이들의 경우는 완전히 돼지로 퇴화한 사람의 경우와 유사하다. 그들은 그들 자신의 내적 삶에 관한 한, 안정된 선의 상태에 도달했다. 더 넓은 시각에서 보자면, 이러한 유형의 도덕적 단정함은 거의 악이라 할 만큼 그 차이가 미미하다.

따라서 만약 신이 모든 창조적 국면에 개입하지만 변화를 초월하는 현실적 존재라면, 신은 악의 징표인 내적 모순으로부터 자유로울 것임에 분명하다. 신은 현실적이기 때문에, 그 자신 안에 우주 전체를 포함해야 한다. 그래서 신의 본성에는 세계에 의해 제약되는 형상 영역의 측면이 있으며, 형상들에 의해 제약되는 세계의 측면이 있다. 그러므로 신이 다른 어떤 것으로 변할 수 없는 완결성을 가진다는 것은 그의 본성이 모든 변화와의 관계에서 자기일관성을 유지한다는 것을 의미해야 한다.

따라서 신은 세계가 지닌 미적 일관성의 척도이다. 세계의 창조적 활동에는 얼마간의 일관성이 있다. 왜냐하면 그것은 신의 내재에 의해 조건 지어지기 때문이다.

만약 우리가 세계 내의 악의 근원을 신에게 기원을 둔 결정론에서 찾는다면, 세계 내의 비일관성은 신의 일관성으로부터 나오게 될 것이요, 세계 내의 불완전성도 신의 완전성으로부터 나오게 될 것이다.

시간적 세계는 두 가지 측면으로 드러난다. 한편으로 그것은 사태 속의 질서를 드러내 보여주는 동시에 이상적인 것과 자신과의 대비를 드러내 보여준다. 이런 측면은 시간적 사태의 창조적 추이가 불변하는 현실적 존재의 내재에 따르는 것임을 보여주는 것이기도 하다. 다른 한편으로 시간적 세계의 불완전성과 악은, 시간적 세계가 신에게 적용될 수 있는 표현들로는 규정할 수 없는 추가적인 형성적 요소들[68]에 의해 해명되어야 한다는 점을 보여준다.

---

68 화이트헤드는 세계의 악을 설명하는 '추가적인 형상적 요소'가 무엇인지 그의 저술 어디에서도 명시하고 있지 않다. 하지만 현실적 계기가 가지는 주체적 자율성, 특히 신이 유혹으로 제공한 최초의 지향을 거부하고 수정하는 계기의 '결단'이 그 핵심적 요인임에 분명하다고 할 수 있다.

가치와 신의 목적
Value and Purpose of God

신의 목적은 시간적 세계 내에 가치를 실현하는 것이다. 한 가지 적극적인 목적은 가깝거나 먼 미래의 가치를 조정하기 위해 현재를 조정하는 것이다.

가치는 현실태 그 자체에 내재한다. 현실적 존재가 된다는 것은 자기관심(self-interest)을 가진다는 것이다. 이 자기관심은 자기평가의 느낌이다. 그것은 정서적 색조이다. 자기 자신이 아닌 타자의 가치는 그것이 이러한 궁극적인 자기관심에 기여하는 요소가 됨으로써 생겨나는 파생적 가치이다. 이러한 자기관심은 획기적 계기에서 그렇듯이 존재가 장차 되고자 하는 것에 대한 관심이다. 그것은 현실적으로 있음(being actual)에 대한 궁극적인 향유이다.

그러나 현실태는 향유이며 이 향유는 가치를 경험하는 과정이다. 왜냐하면 획기적 계기는 전체 우주를 포함하는 하나의 소우주이기 때문이다. 우주의 다양한 요소들을 상호 전망 속으로 결합시키는 이러한 통일은 실재 세계를 구성하는 원자적 단위존재이다.

이와 같은 궁극적인 구체적 사실은 지각작용(act of perceptivity)의 성격을 가진다.[69] 그러나 만약 우리가 비정신적 사실들에 대해 말하고 있는 경우라면, 이러한 지각작용은 맹목적인 것이 된다. 그것에는 반성적인 의식이 없다. 그것은 그것 자체의 소우주적인 파악(apprehension)[70]에서 구현되는 자기가치이다. 자기가치는 창발하는 단위사실이다. 그것을 지각작용이라 부르거나 파악이라 부를 때, 우리는 이미 그것을 하나의 창발적 사물의 구성에 참여하는 낱낱의 요소로 분석하고 있는 것이다. 각각의 현실적 존재는 현실적이면서 이상적인 우주 전체의 배합이며, 이런 배합에 힘입어 존재 그 자체인 자기가치가 구성된다.

따라서 획기적 계기는 두 가지 측면을 가진다. 한편으로 그것은 우주를 결합하는 창조성의 양상이다. 이 측면은 자기원인으로서 계기, 곧 자기 창조의 행위로서의 계기이다. 우리는 여기서 창조를 앞에서의 분석과 정반대로 고찰하고 있다. 왜냐하면 앞의 기술에서는 그 요소들을 각개로 고찰하고 있는 데 반해, 창조 행위에서는 이들

---

69 현실 세계를 구성하는 궁극적 존재가 현실적 계기라면 이 현실적 계기는 다시 지각작용들로 구성된다. 그래서 화이트헤드는 개별 존재의 유기적 통일성을 염두에 두지 않고 오로지 그 '구체적 개별성'에만 주목할 경우 이런 하나하나의 지각작용, 즉 파악을 세계의 최종 단위사건으로 삼을 수 있을 것이라고 말하기까지 한다(PR 19).

70 후일 화이트헤드는 이를 파악(prehension)이라는 개념으로 범주화한다. 이 개념어는 의식적 인식의 일종인 일반적 의미의 파악(apprehension)이라는 말에서 접두사 'ap'를 탈락시켜 의식과 무관하게 작용하는 자가화(경험) 작용을 말하기 위해 만들어 낸 화이트헤드의 조어로, '느낌'(feeling)과 거의 동의어로 사용된다. 이는 인간과 같은 고등 유기체를 구성하는 계기들을 넘어 모든 계기들이 가지는 기본적인 경험 하나하나를 일컫는다.

요소가 결합되고 있기 때문이다.

다른 한편으로 계기들은 피조물이다. 이 피조물은 하나의 창발적인 사실이다. 이 사실은 창조적인 행위의 자기가치이다. 그러나 창조성과 피조물이라는 두 가지 현실적 존재들이 있는 것은 아니다. 오직 자기창조적인 하나의 존재가 있을 뿐이다.

다양한 현실적 계기들이 서로의 본성에 참여하는 다양한 방식에 대한 기술은 물리적이고 정신적인 실재 세계 내의 다양한 관계들에 대한 기술이다.

정신적 계기는 그것의 물질적 상응자로부터 파생된다.[71] 그것 또한 똑같이 가치느낌을 산출하는 지각작용의 성격을 가지고 있다. 하지만 그것은 반성적 지각작용이다.[72]

물리적 계기로부터 나오는 창조적 추이에는 두 가지 경로가 있다. 하나는 또 다른 물리적 계기를 향한 것이고, 다른 하나는 파생적인 반성적 계기를 향한 것이다. 물리적 경로는 신체의 삶 속에서 잇따라 일어나는 시간적 사건들로서의 물리적 계기들을 결합시킨

---

71 정신적 계기는 개념적 파악이 지배적인 구성요소가 되고 있는 계기를 말하며, 물리적 계기는 물리적 파악(physical prehension), 즉 현실적 계기를 여건으로 하는 파악이 지배적인 구성요소가 되는 계기이다. 여기서 정신적 계기의 물리적 상응자란 그 계기의 개념적 파악의 여건인 개념(즉 영원한 객체)을 품고 있는 물리적 파악을 가리킨다. 화이트헤드는 경험 속의 요소는 물리적 원천을 가진다고 보고 있다. 이런 견해 역시 그의 철학이 택하고 있는 경험주의적 바탕을 보여준다고 하겠다(주 77 및 80도 보라).

72 '반성적 지각작용'이란 선행하는 계기들에 대한 물리적 경험을, 이 물리적 경험 속에 구현된 개념(영원한 객체 또는 객체들)을 추출하여 이를 여건으로 취하는 개념적 파악(conceptual prehension), 즉 영원한 객체를 여건으로 하는 파악과 결합(대비)시키는 경험이다. 이를 '반성적'이라고 말하는 것은 물리적 경험에 들어 있는 특정 개념을 통해 그 물리적 경험을 다시 경험한다는 의미에서일 것이다.

다. 다른 한 경로는 이러한 신체적 삶을 그 상응자인 정신적 삶과 연결시킨다. 정신적 계기는, 맹목적으로 지각하는 물리적 계기가 물리적 세계에서의 궁극적 사실인 것과 마찬가지로, 정신세계에서의 궁극적 사실이다. 전자의 세계와 후자의 세계 사이에는 본질적인 연관이 있다.

무색무취한 가치라는 것은 존재하지 않는다. 언제나 특수한 가치가 있으며, 이는 다양한 요소들을 특수하게 구체화하는 방식으로부터 발생하는 피조된 단위느낌이다. 이처럼 상이하고 특수한 가치느낌들은 그들 간의 차이를 통해 비교될 수 있으며, 이런 비교의 근거가 여기서 "가치"라고 부르는 것이다.

이 비교가능성은 가치의 강도에 따라 다양한 계기들을 차등화한다. 강도가 전혀 없다는 것은 현실태가 붕괴되었다는 것을 의미한다. 강도의 양이란 통합에 들어 있는 임의의 요소가 하나의 가치강도에 기여하는 값에 지나지 않는다.

따라서 다양한 계기들은 그들의 현실태[73]가 가지는 상대적 깊이에 따라 비교될 수 있다. 계기들은 현실태의 중요성에서 각기 다르다. 그래서 가치의 성취에서 신이 목표로 하는 것은 어떤 의미에서 창조적인 목적이다. 신을 떠날 때 나머지 형성적 요소들은 그 기능을 상실하게 될 것이다. 조화로운 질서를 떠날 때 지각적 융합은 성취한 느낌을 중성화하는 혼돈이 될 것이기 때문에 어떤 피조물도 존재하지 않게 될 것이다. 여기서 "느낌"은 "현실태"와 동의어로

---

73 느낌가치(feeling-value), 즉 계기가 구현하는 개별적이고 구체적인 가치.

사용되고 있다.

조정(adjustment)은 세계의 존재 근거이다. 우연히 자연의 질서를 드러내 보여주는 현실 세계가 존재한다는 것은 사실이 아니다. 자연에 질서가 있기 때문에 현실 세계가 존재한다. 만약 어떤 질서도 없다면, 어떤 세계도 존재하지 않게 될 것이다. 또한 질서가 존재하기 때문에 우리는 세계가 있다는 것을 안다. 현실 세계가 보여주는 형이상학적 상황에서 볼 때 질서를 부여하는 존재는 필수불가결한 요소이다.

이 사유의 노선은 칸트의 논증을 확장한다. 그는 도덕적 질서에서 신의 필요성을 보았다. 그러나 그는 자신의 형이상학에서 우주로부터의 논증을 받아들이지 않았다.[74] 여기서 우리가 제기하는 형이상학적 학설은 세계의 토대를 칸트가 했듯이 인식적이고 개념적인 경험에서 찾기보다는 미적 경험에서 찾는다. 따라서 모든 질서는 미적 질서이며, 도덕적 질서는 미적 질서의 어떤 한 측면에 불과

---

74 칸트는 우리의 지성이 신을 인식하거나 논증할 수 없다고 본다. 우주론적 논증이나 존재론적 논증 같은 것이 그 사례이다. 그에 따르면 신 개념은 지성의 범주가 아니기에 신은 지성 인식의 대상일 수 없고, 순수이성의 이념으로서 지성에 대한 규제적 기능을 가질 뿐이다. 다시 말해 우리의 모든 인식은 최초의 원인자로서의 신이라는 이념에 의해 체계적으로 통일되며, 이런 의미에서 신 개념은 규제적 기능을 가질 뿐이라는 것이다. 그러나 실천이성은 우리에게 신의 존재를 확신시켜 준다. 우리가 "해야 한다"는 실천이성의 요구에 부응한다고 해서 이 지상에서 최고의 행복에 이르는 것은 결코 아니다. 이것은 도덕적 주체로서의 우리가 처한 문제 상황이다. 그런데 실천이성은 우리에게 피안의 세계와 불멸하는 영혼 및 최고행복을 허락하는 전능한 존재를 확신할 수 있게 함으로써 이 도덕적 문제 상황을 해소한다. 따라서 칸트에게서 신은 그의 완전성이나(존재론적 증명) 세계의 존재로부터(우주론적 증명) 지성적으로 추론될 수 없고, 오직 도덕적 질서와 행위의 근거가 되는 실천이성만이 우리에게 확신시켜 줄 수 있는 존재가 된다.

하다. 현실 세계는 미적 질서의 산물이며, 미적 질서는 신의 내재로
부터 유래된다.

데카르트는 철학의 기초를 현실 세계에 관한 전혀 다른 형이상학적 기술에서 찾았다. 그는 생각하는 정신과, 유기적이거나 무기적인 물질입자들인 연장된 물체에서 출발하였다.

그런데 어떤 의미에서 누구도 물체와 정신이 있다는 사실을 의심하지 않는다. 유일한 쟁점은 사물들의 구도에서 이들 물체와 정신이 가지는 위상이다. 데카르트는 이들이 개별적인 실체이며, 따라서 각각의 물질입자도 실체이고 각각의 정신도 실체라고 주장하였다. 그는 또한 실체라는 말의 의미를 다음과 같이 기술하고 있다.

그리고 실체에 대해 생각할 때, 단지 우리는 존재하기 위해 그 자신 이외에 어떤 것도 필요로 하지 않는 존재를 떠올린다. 사실상 신 이외에 어떤 것도 절대적으로 자존하는 것으로서의 이런 실체에 대한 기술에 부응하지 못한다. 왜냐하면 우리는 신의 힘에 의지함이 없이 존재할 수 있는 그 어떤 다른 피조물도 없다는 것을 알기 때문이다. (…)

그러나 물질 실체든 사유 실체든 창조된 실체들은 이 공통 개념으로 파악될 수 있다. 왜냐하면 그것들은 존재하기 위해서 오직 신의 협력만을 필요로 하는 것들이기 때문이다. (…) 그러므로 우리가 어떤 속성을 지각할 때, 우리는 그 속성이 귀속될 수 있는 어떤 존재하는 사물 또는 실체가 필연적으로 현존한다고 추론한다. (저자 주―데카르트의 『철학원리』, LI, LII. Haldane and Ross의 번역본)

이 인용문은 최근 몇 세기 동안 통용되어 온 과학적 사고의 전제를 요약하고 있다. 세계는 여러 속성들을 지닌 물질입자들로 구성되어 있다는 것이 그것이다. 데카르트의 견해에는 극복하기 어려운 난점들이 있다. 그 때문에 속성들을 지닌 질료라는 그의 일반적 가정은 받아들이면서 그의 견해를 단순화하려는 여러 시도가 뒤따르게 되었다.

데카르트가 실체의 세 가지 유형, 즉 신과 물질입자와 정신을 전제하고 있다는 점에 주목해 보라. 데카르트의 신 존재 증명은 종교적이든 아니든 극소수의 철학자들만이 받아들인다. 실제로 그의 출발점을 전제할 때, 어떻게 그 어떤 증명이든 가능한 것인지 이해하기 어렵다.

이들 단순화는 하나같이 이러한 실체의 유형 가운데 하나 또는 둘을 제거하는 데 있었다. 예를 들어 신을 제거하고 물질과 정신만을 남겨 두거나 홉스의 경우처럼 신과 정신을 제거하고 물질만 남겨 놓을 수도 있고, 또 버클리에게서 보듯이 물질을 제거하고 신과 정신만을 남겨 둘 수도 있으며, 물질과 정신을 제거하고 오로지 신만 남겨 둘 수도 있다.[75] 이 경우 시간적 세계는 신의 속성을 구성하는 현상이 된다.

그러나 이 모든 철학의 핵심은 이들 철학이 "존재하기 위해 그 자신 이외에 어떤 것도 필요로 하지 않는" 개별 실체를 하나이든 다수이든 전제로 한다는 점이다. 이 전제는 이 강의에서 역설해 온 보다 플라톤적인 기술[76]에서 정확히 부정되는 것이다. "존재하기 위해 그 자신 이외에 어떤 것도 필요로 하지 않는" 존재란 없으며, 신의 경우도 마찬가지다.

이 강의의 학설에 따르면 모든 존재는 그 본성상 사회적이며, 존재하기 위하여 사회를 필요로 한다. 실제로 현실적 존재든 이상적 존재든 이들에게 있어 사회란 자신의 이상적 형상들을 포함하고 있는 포괄적인 우주이다.[77]

---

75 예컨대 스피노자의 유일실체론이나 헤겔의 절대정신론이 이런 경우이겠다.

76 화이트헤드의 철학이 플라톤적 기술을 따르고 있다는 것은 앞서 본 세 가지 형성적 요소에 관한 논의에서 가장 분명하게 드러난다. 『과정과 실재』에서 화이트헤드는 자신의 유기체 철학이 플라톤 철학의 우주론을, 그 이후 2000여 년간에 이루어진 다양한 문명적 발전을 고려하여 부분적으로 수정하고 있음을 시사한다(PR 39). 서양의 철학사가 플라톤 철학의 각주에 불과하다는 유명한 표현도 이 문맥에서 하고 있는 말이다. 실제로 그가 형성적 요소로 간주하는 신과 창조성 및 영원한 객체들은 플라톤의 『티마이오스』(*Timaeus*)에서 등장하고 있는 제작자(Demiurge), 수용자(Receptacle), 형상(Forms)의 지위와 역할을 각각 계승하고 있는 것으로 볼 수 있다. 그가 수정하고 있는 것은 여기서 보듯이 기본적으로 이들 요소가 상호 규정을 통해서만 현실화될 수 있으며 이렇게 현실화된 존재들 또한 다른 존재들과의 관련 속에서만 자기 정체성을 가질 수 있는, 말하자면 하나같이 상호 의존적인 존재들로 간주되고 있다는 데서 찾을 수 있을 것이다.

77 '사회'는 현실적 계기들로 구성되는 거시적 존재를 가리키는 범주이다. 현실적 계기들은 이런 사회들을 환경적 배경으로 삼아 생성하고, 또 이들 사회의 존속과 변이에 기여한다

그러나 데카르트는 어떤 철학이든 그것의 구도 속에 포섭하지 않으면 안 되는 사실들을 언급하고 있다는 점에서 탁월한 식견을 보여주고 있다. 물질입자들이 있고 정신이 있다. 물질과 정신은 모두 형이상학적 구도 속에 포섭되어야 한다.

그런데 이 강의의 학설에 따르자면 가장 개별적이고 현실적인 존재는 특정한 행위로서의 지각작용이다.[78] 그래서 그러한 계기들의 경로를 따라 지속하는 물질과 정신은 상대적으로 추상적일 수밖에 없다.[79] 그들은 그들 각자의 경로로부터 특정한 개체성을 확보해야 한다. 물질입자의 특성은 그 경로에 들어 있는 각 계기들에 공통된 어떤 것임에 분명하다. 그리고 이와 유사하게 정신의 특성은 그것의 경로에 들어 있는 각 계기들에 공통된 어떤 것임에 틀림없다. 각각의 물질입자와 각각의 정신은 현실 세계가 그렇듯이 종속적 공동체이다.[80]

고 말할 수 있다. 이에 대한 더 상세한 설명은 아래의 주 82를 보라.

78 주 69 참조.

79 주 71에서 언급했듯이 물리적 경험(물리적 파악)을 지배적인 구성요소로 가지는 계기가 신체적(물리적) 계기라면, 정신적 계기들은 이처럼 개념을 추상하는 경험인 개념적 파악을 지배적인 특성으로 하는 계기들이다. 하지만 모든 계기들은 기본적으로 양 측면을 모두 가진다는 점에서 순수한 정신적 계기나 순수한 물리적 계기는 존재하지 않는다. 정도의 차이가 있을 뿐이다. 이를 화이트헤드는 계기의 양극성(di-polarity)으로 이해한다(PR 108, 239). 그리고 우리가 정신이나 신체라고 부르는 것은 이들 계기들의 경로(route)로 구성되는 것이다. 그렇기에 데카르트가 말하는 실체로서의 정신이나 신체는 사실상 이들 계기에 의존하고 있는 파생적인 존재, 즉 '사회'이고, 그래서 화이트헤드는 이들을 실체로 고립시켜 생각하는 것은 추상이라 말하고 있다(주 104도 보라).

80 여기서 '종속적'(subordinate)이라는 말은 현실적 계기들의 시간적 계기(succession)와 공간적 공존(coexistence)으로 구성되는 존재(공동체)를 특징짓는 표현이다. 각각의 현실적 계기가 궁극적(ultimate) 실재라면 정신과 신체는 이들 계기의 결합으로 구성되는, 따라서

그러나 각각의 계기는 완결된 피조물이라는 그 특성에서 볼 때 특수한 종류의 한정된 가치이다. 따라서 정신은 하나의 경로로서, 그것에 들어 있는 다양한 계기들이 어떤 유형의 가치[81]를 지닌 공동체로 드러나는 것임에 틀림없다. 이와 마찬가지로 물질입자나 전자 역시 하나의 경로로서, 그것에 들어 있는 다양한 계기들이 어떤 유형의 가치를 지닌 공동체로 구현된 것이다.

이들에 의존하는 파생적(derivative) 실재라고 할 수 있다. 화이트헤드는 이런 파생적 실재를 '사회'(society)의 범주로 포섭하고 있다(주 77도 보라). 일반적으로 말하자면 사회는 그 구성원이 되는 현실적 계기들이 그 생성 과정에서 어떤 일정 유형의 특성(영원한 객체들의 복합체), 즉 한정특성(defining characteristic)을 공통특성으로 공유하면서 시간적으로 계승하는 가운데 반복하고 있을 때 성립한다. 동시에 이렇게 성립하는 사회는 이를 배경으로 하여 생성하는 계기들에게 일정 부분 영향력을 행사함으로써 그 특성(내적인 질서)에 모종의 안정성을 부여한다. 결국 사회의 범주는 미시적 생성의 사건들로 구성되는 모든 유형의 거시적 사물들을 일컫는다. 예컨대 전자나 양성자와 같은 미시물리학적 존재나 동식물의 세포는 물론이요, 바위, 물방울, 장미, 강아지, 참새 등과 같은 일상적 의미의 개체들이 모두 사회이다. 이렇게 보자면 사회의 범주는 고전 철학의 실체에 해당하며, 한정특성은 실체의 본질(에이도스)에 해당한다고 할 수 있다. 화이트헤드는 이런 고전적 의미의 실체를 미시적인 계기들이 임의의 형상(들)을 계승하고 공유하는 가운데 출현하는 의존적이고 파생적인 존재로 보고 있을 뿐 아니라, 앞서든 세포, 전자 등의 사례에서 보듯이 전통 실체의 외연을 훨씬 넘어서는 유형의 존재들에 확대 적용하는 동시에 이들 사이의 관계 또한 상호 의존적인 것으로 규정한다. 그래서 이런 사회들은 그 내부에 더 작은 규모의 사회들을 포함할 뿐 아니라 이들 자신은 더 큰 규모의 사회의 구성원으로 참여하고 있으면서 횡적으로는 물론이요 종적으로도 상호작용하는 온전한 의미의 유기적 구조를 이루고 있다. 인간의 경우도 하나의 사회로서 다양한 종적 사회를 포함하고 있으며, 이 가운데 대표적인 것이 상호 유기적으로 관계하고 있는 신체라는 사회와 정신이라는 사회이다. 인간은 또한 일상적인 의미의 사회, 즉 지역사회, 국가사회, 세계사회를 구성하며 살아간다. 지구 자체도 하나의 사회이고 태양계도 하나의 사회라고 할 수 있으며 궁극적으로는 우리가 살고 있는 우주 시대(our cosmic epoch) 자체도 하나의 사회이다. 하지만 이런 사회는 모두 그 구성원들의 생성 소멸의 연쇄를 근거로 역사 속에 존립하고 있는 것이며, 따라서 변화를 겪는 것이요, 궁극적으로는 소멸하는 것이라는 점에서 영속하는 사회라든가 불변하는 특성으로서의 본질 같은 것은 존재하지 않는다. 그래서 화이트헤드는 지금의 우주조차 시간적 한계가 있다고 보고 지금의 우주를 '우리의 우주 시대'(our cosmic epoch)라고 부르고 있다.

81 '사회'의 '한정특성'을 말한다.

나아가 물질적 경로에서든 정신적 경로에서든 환경[82] 또한 그 경로에 있는 계기들의 형식들[83]을 부분적으로 결정할 것이다. 그러나 그 계기들이 정신이나 물질의 경로를 구성하기 위해 공통으로 가지는 것은 그 경로상의 선행하는 계기들로부터 계승한 것일 수밖에 없다. 환경은 이러한 계승에 유리하게 작용할 수도 있고 불리하게 작용할 수도 있다. 그러나 그러한 영향력은 배경에 머물면서 공통 요소가 그 경로를 통해 실제로 전달되도록 한다.

인간이나 동물의 경우 분명히 정신의 경로와 물질의 경로 간에 대단히 밀접한 관계가 있다는 것은 분명하다. 이 점은 잠시 후에 좀 더 자세히 고찰해 볼 것이다. 입자나 비유기적인 물질의 경우는 정신성의 연속된 경로라는 것이 무시해도 좋을 만큼 보잘것없는 것처럼 보인다.

순수한 정신적 존재들이 있다는 믿음은, 우리의 형이상학적 이론에서 볼 때, 그에 연결된 물질적 경로가 무시해도 좋을 만큼 보잘것 없거나 전혀 존재하지 않는 그런 정신성의 경로가 있다는 믿음이다. 오늘날 정설로 통하는 믿음에 따르면 인간에게는 죽음 이후에도 이런 경로들이 있지만 동물에게는 죽음 이후 이런 경로가 존재하지 않는다.

또한 순수한 정신적 존재는 필연적으로 불멸한다는 것이 오늘날

---

82 신체로서의 '사회'나 정신으로서의 '사회'이다. 사회는 이를 구성하는 개개의 계기들에게 일종의 환경이 된다.

83 '각각의 계기들이 구현하는 영원한 객체들의 조합'을 말한다.

의 일반적인 생각이다. 우리가 전개하고 있는 학설은 이런 믿음에 어떤 근거도 제공하지 않는다. 그것은 불멸성의 문제나 신 이외의 다른 순수한 정신적 존재에 대해서 전적으로 중립적이다. 물론 이러한 물음이, 종교적이든 아니든, 믿을 만한 더 특수한 증거[84]에 입각해서 결정되어서는 안 된다고 할 이유는 없다. 하지만 이 강의에서 우리는 인류 전체가 인정할 수 있을 것으로 보이는 증거만을 고려하고 있다. 그처럼 특수한 증거는 체계적인 이론으로 구현되기 전에는 그 효력이 대단히 박약한 것이다.

---

[84] 특수한 개인적 체험, 특히 특정 순간에 얻은 아주 특수한 종교적 체험, 따라서 반복되기 어렵고 그래서 일반화되기 어려운 체험을 말한다.

물질이 존속(endurance)한다거나 정신이 존속한다는 것이 무엇을 의미하는가에 대한 이러한 설명에서 그런 존속은 세계에 내재하는 질서를 예증하는 것으로 간주된다. 지구가 견고하게 살아남는 것은 창조성에 부과되는 질서가 있기 때문이다. 이 질서에 힘입어 창조적 에너지는 복잡한 형식을 유지하는 가운데 매초, 매분, 매시간, 매일, 매년, 매세기, 매시대마다 우주를 하나의 통일체로 집중시키는 경험된 지각작용의 중심을 발견한다.[85]

---

85 여기서 '창조적 에너지'는 생성하는 현실적 계기의 토대가 되는 과거 현실세계 전체에 구현된 '창조성'(앞의 주 53을 보라)을 일컫는다. 그런데 이 문장에 들어 있는 '경험된 지각 작용의 중심'이란 표현은 'a center of experienced perceptivity'를 단순하게 직역한 말이어서 독자로서는 정확한 의미를 짐작하기 어려울 것이다. 문제는 낱말 몇 개를 첨가하여 의역한 다고 해도 문맥이 없으면 여전히 이해할 수 없을 것이라는 데 있다. 그래서 직역을 선택하고 해제를 첨가한다. 일반적으로 현실적 계기는 우주의 다양한 요소 하나하나를 지각하고 이들을 통일시켜 자신을 만들어 가는 과정으로서 존재한다. 이것이 생성의 근원적 의미이다. 따라서 생성하는 계기는 순차적으로 일어나는 경험들로 구성된다. 그래서 계기에게는

지구가 존속하는 까닭은 우주가 그 자신의 구성요소들로부터 일정한 경험의 사례들이 구현되는 하나의 과정이라는 사실에 있다. 이들 각각의 사례[86]는 이상적 형상이든 현실적 사실이든 그 어떤 것도 빠뜨리지 않고 모두 포용한다. 그러나 그것은 이들을 관련성과 무관련성의 정도에 따라 그 자신의 통일된 느낌 속으로 차등화하여 끌어들여 제약하는 가운데 지금의 자신인 한정된 경험으로 구현된다.

따라서 모든 경험의 특정 사례는 오직 선행하는 사실들이 허용하는 범위 내에서만 가능하다. 왜냐하면 그것들은 그 사례를 구성하는 데 필요한 것들이기 때문이다. 따라서 무수한 세대에 걸친 생명의 역사에서 특정한 유형의 경험이 그 각 계기들의 사례들을 통해 계속 유지되려면 현실 세계에 안정된 질서가 있어야 한다.

창조적 과정은 이와 같이 이미 현실화한 하나의 계기가 경험된 가치의 또 다른 사례의 발생에 개입해 들어가는 이행(transition)[87]에서도 찾아볼 수 있다. 계기에서 계기로의 이행에 지배적인 노선이 있을 수는 있지만 하나의 단순한 노선이란 것은 없다. 세계 전체가 새

최소한 두 유형의 경험이 있게 되는데, 우주의 여러 요소들 하나하나에 대한 외적 경험과 이들 경험을 통일하는 내적 경험이 그것이다. 앞의 경험은 계기의 생성의 출발 국면을 구성하는 경험들이고, 뒤의 경험은 이들을 대상으로 삼아 계기가 자신을 완성하는 국면에 있는 경험이다. 문제의 표현 'a center of experienced perceptivity'는 이 후자의 경험을 가리킨다. 따라서 이 말을 풀어서 해석한다면 '앞서 이미 경험한 지각작용들을 통일하는 최종적인 중심경험'이라고 옮길 수 있겠다.

86 현실적 계기를 말한다.

87 이 표현은 현실적 계기의 내적 생성의 과정인 합생(concrescence)과 대비된다(앞의 주 59를 보라).

로운 창조 과정을 산출하기 위해 협력하기 때문이다. 그것은 창조적
인 과정에 다양한 기회를 제공하고 또 여러 제약을 부과한다.[88]

제약은 기회이다. 생생한 경험으로 이루어지는 현실태의 본질은
한정성에 있다. 그런데 한정한다는 것은 언제나 복합적인 전체의
모든 요소들이 어떤 한 가지 결과에 집중하여 기여하고 그 밖의 다
른 결과들을 배제한다는 것이다. 창조적인 과정은 그것이 포섭의
과정인 만큼 또한 배제의 과정이기도 하다. 이 문맥에서 배제한다
는 것은 미적 통일성에 부적절한 것들을 축출한다는 것이며, 포섭
한다는 것은 그러한 통일성에 적절한 것들을 끌어들인다는 것이다.

새로운 사례의 발생은 새로움(novelty)을 향한 추이(passage)이다. 내
가 토대라 부르려고 하는 어떤 하나의 현실적 사실이 어떻게 창조적
과정에 개입할 수 있는 것인지를 고찰해 보라. 파생적인 사례들 속
에 들어오는 새로움은 현실 세계 속으로 새로운 조합의 이상적 형상
들을 끌어들인다. 문자 그대로의 온전한 의미에서 시간의 경과는 관
념[89]을 통한 세계의 혁신이다. 어느 위대한 철학자(저자 주—S. Alexan-
der, *Space, Time, and Deity*, 제2권, p. 43 및 다른 여러 곳 참조)는 시간은 공간
의 정신이라고 말했다.[90] 하나의 특수한 새로운 경험 중심의 탄생과

---

88 과거의 세계 전체는 한편으로 생성하는 계기에게 자기 구성의 다양한 소재를 제공한
다는 점에서 기회를 제공하는 것이지만, 다른 한편으로 그 생성하는 계기는 그 과거 세계의
결정된 물리적 환경에서 결코 완전히 자유로울 수는 없다는 점에서 과거 세계에 의해 일정
부분 제약된다.

89 이상적 형상. 화이트헤드의 범주어로는 영원한 객체.

90 알렉산더(S. Alexander)는 존재하는 실재의 모든 측면을 가장 단순하게, 즉 가장 경제
적으로 설명하고자 했다. 우선 그는 자연을 사물들이 단순한 것에서 복잡한 것에 이르는 하

관련하여 이상적 형상들의 이러한 새로움은 "결과"(consequent)라고 부를 수 있을 것이다. 그래서 우리가 이제 고찰하고자 하는 것은 하나의 선행하는 계기에 의해 제공되는 특수한 토대와 결과 간의 특수한 관련성이다.[91]

나의 위계를 구성하고 있다고 생각하고, 시공간을 절대화하여 이를 사물의 근원적 질료로 간주하였다. 그에 따르면 시공간은 운동들 간의 관계에 의해 정의된다. 그래서 운동에 의해 정의되는 이 시공간으로부터 물질이 출현하고, 물질로부터 정신이 생겨난다는 것이다. 그러나 그는 공간과 시간이 그렇듯이 이 양자가 분리불가능하며 동일한 것이라고 생각한다. 그런데 우리의 정신은 우리의 신체로부터 출현하는 새로운 질(quality)인 데 반해, 시간은 공간에서 출현하는 새로운 질이 아니라는 점에서 이런 유비는 설득력이 떨어진다. 아무튼 그에 따르면 '시간과 공간은 상대방의 존재와의 상관성 속에서만 존재하며, 이들의 관계는 정신과 뇌의 관계와 같다고 생각할 수 있다.' 그가 '시간은 공간의 정신이다'라고 말하는 것은 바로 이런 문맥에서이다. 이것은 시간이 어떻게든 의식적이라는 말이 아니다. 그것은 다만 시간은 정신이 신체에 대해 행하는 바를 공간에 대해 행한다는 것을 의미할 뿐이다. 시간은 색채나 의식과 같은 새로운 성질을 가능하게 한다는 것이다. 왜냐하면 시간은 운동의 원천이며 개별적인 운동은 질을 가지기 때문이다. 요컨대 알렉산더에 따르면 자연의 근본적인 지평은 시공간 또는 운동이며, 이로부터 물질과 생명과 정신의 형식을 취하는 개별적인 운동들이 나온다는 것이다. 화이트헤드가 여기서 '시간은 공간의 정신'이라는 알렉산더의 표현을 언급하고 있는 까닭은 새로움의 창출이 시간과 본질적인 관계에 있다고 보기 때문이다. 물론 더 일반적인 철학적 성향에서 두 사람의 유사성을 말할 수도 있을 것이다. 특히 신은 신성을 간직한 세계 전체로서, 완성을 향해 가는 시공간적 과정 속에 있기에 '아직 현존하지 않는다'고 주장하는 알렉산더는 신을 현실 세계와의 관련성 속에서 생성하는 존재로 보려고 했던 동시대 학자인 화이트헤드에게 훌륭한 우군이 되었을 것이다. 하지만 다소 신화적 성격을 띤 것으로 보이는 이런 알렉산더의 학설을 순수하게 철학적으로 계승한 학자는 거의 없고, 오히려 화이트헤드의 후학이자 동료였던 에멧(D. Emmet) 여사는 그의 이런 학설을 호되게 비판한 적이 있다(Dorothy Emmet, "Time Is the Mind of Space", *Philosophy*, Vol. 25, No. 94 (Jul., 1950), pp. 225-234, Published by Cambridge Univ. Press on behalf of Royal Institute of Philosophy 참조).

91 이 문단에서 '토대'는 앞서 말하고 있듯이 과거의 현실적 계기 또는 현실 세계를 가리키며, 새로운 생성이 시작되는 기본 조건이 된다는 의미를 담고 있다고 볼 수 있다. '결과'는 신이 과거 현실 세계를 고려하면서 제공한 최초의 지향을 준거로 삼아 출현하는 새로운 경험의 중심을 말한다. 여기서 화이트헤드가 이를 '결과'라 부르는 까닭은 아마도 새로운 계기는 과거의 여러 조건들을 결합하여 빚어낸 것으로 볼 수 있다는 점에 주목하고 있기 때문인 듯하다. '토대'라는 말이나 '결과'라는 표현은 그의 다른 저술에 등장하지 않는다. 아무튼

결과가 그 토대와의 관련성에 따라 차등화되는 한, 파생적인 것은 특수한 토대와 결과의 혼합을 포함한다.

결과와 토대의 이러한 혼합에서 창조적인 과정은, 그 과정에 개입해 들어오는 현실적이지 않은 어떤 것을 함께 결합시킨다. 이 과정을 통해 이상적인 결과와 현실적인 토대가 결합하고 그래서 이상적인 결과는 현실태가 된다. 아리스토텔레스의 표현을 빌리자면, 그 과정은 존재와 비존재(not-being)의 혼합이다.[92]

새로운 미적 경험의 탄생은 창조적 목적에 의해 유지되는 두 가지 원리에 의존한다.

1. 새로운 결과는 어떤 특성을 토대의 것과 동일하게 보존하도록 적절히 차등화되어야 한다.[93]

여기서 '특수한 토대와 결과 간의 특수한 관련성'이란 결국 새로운 계기의 생성 과정, 즉 현실적 토대를 소재로 이상적 결과를 구현해 가는 과정 전체를 특징짓는 표현이라고 할 수 있겠다.

92 생물학적 세계관을 전제로 존재 분석을 위한 범주들을 구상했던 아리스토텔레스의 시선은 화이트헤드의 철학에 강하게 스며들어 있다고 볼 수 있다. 아리스토텔레스는 실재하는 세계가 완전한 불변의 세계(형상계)라는 스승 플라톤의 생각을 거부한다. 그에 따르면 우리가 살고 있는 현실의 세계가 실재하는 세계이며, 이 세계는 변화무쌍한 생성의 세계이다. 이때의 생성은 순수 현실태인 '존재'(being)와 대척점에 있다는 의미에서 '비존재'(non-being)라고 할 수 있는 가능태가 현실태를 향해 치닫고 있는 과정이라는 점에서 존재와 비존재의 혼합이라고 할 수 있다. 화이트헤드 역시 이 점에서 동일한 생각을 가지고 있었다. 유사한 존재이해를 가지고 있던 헤겔이 이를 변증논리로 형식화했다는 것은 널리 알려진 사실이다. 이런 측면에서 화이트헤드의 존재이해는 아리스토텔레스의 것과 그리 멀리 떨어져 있지 않으며 부분적으로 헤겔의 것과도 중첩된다고 볼 수 있다. 모두 생성을 합리적으로 분석하기 위해 고민한 사람들이었기 때문이다.

93 과거와 현재의 관계(창조적 전진)에서 작용하는 연속성의 원리, 또는 동일반복의 원리를 말한다.

2. 새로운 결과는 그 동일한 특성과 관련하여 토대와의 어떤 대비(contrast)를 보존하도록 적절히 차등화되어야 한다.[94]

이 두 원리는, 현실적 사실은 미적 경험의 사실이라는 학설에서 도출된다. 모든 미적 경험은 동일성 속에 대비[95]가 실현되는 데서 생겨나는 느낌이다.

따라서 결과는 일반적인 유형에서 토대와 일치함으로써 한정성을 보존하고, 상반되는 사례들과 관련하여 대비를 이룸으로써 활기와 고유한 질을 확보한다. 물리적 세계에서 이 동일성 속의 대비의 원리는 진동이 원자적 유기체의 궁극적 본성에 속한다는 물리적 법칙으로 표현된다. 진동은 유형의 동일성 안에서 이루어지는 대비의 반복이다. 물리적 세계에서 측정의 모든 가능성은 이 원리에 의존한다. 측정한다는 것은 진동을 헤아리는 것이다.[96]

따라서 물리적 양은 물리적 진동들의 합이며, 물리적 진동은 물리과학의 추상개념으로 미적 경험의 근본 원리를 표현한 것이다.

이와 동일한 원리의 또 다른 사례는 신체와 정신 사이의 결합관계에서 발견된다. 정신과 신체는 각기 그들을 구성하는 낱낱의 구체적 계기들의 생활사(life-history)에 의존한다. 그래서 우리가 찾으려는

---

94 과거와 현재 사이의 관계에서 작용하는 비연속성의 원리, 또는 차이(새로움)의 원리를 말한다.

95 앞의 주 32 참조. 상이한 요소가 조화롭게 통일되어 공존하는 것을 의미한다.

96 생성의 과정을 놓고 이루어지는 측정은 문제의 과정에서 반복되는 요소, 즉 진동에 기초한다고 말할 수 있다.

결합관계는 신체의 생활사에 들어 있는 물리적 계기와 정신의 생활사에 들어 있는 그에 상응하는 정신적 계기들을 결합시키는 창조적 과정에서 발견할 수 있다.

물리적 계기는 이미 현실적인 것이자 토대가 되는 것으로서, 정신적 계기에 개입한다. 이상적인 새로움의 결과가 보여주어야 하는, 토대로부터의 역전(reversion)은 여기서 가장 근원적인 특성이다.[97] 역전은 토대가 보여주는 종합을 해체하는 것이다. 따라서 신체적 계기로부터 정신적 계기로의 이행은 신체적 계기에서 신체적 계기로의 이행에서 나타나는 것과는 다른 새로운 이행의 차원을 보여준다. 후자의 이행에는 하나의 종합된 개념 속에서 이루어지는 대비의 새로움이 있는 반면 전자의 이행에는 종합 그 자체와, 그것에 상반되는 분석과의 대비가 있다.[98]

따라서 정신적 계기의 탄생에서 이상적인 새로움의 결과는 실재에 개입하고, 종합적인 토대에 도전하는 분석력을 가진다. 이와 같이 정신적 계기로 종합되는 이상적 형상들은 개념이라고 부른다. 개념들은 맹목적인 경험[99]에 분석력으로 맞선다. 개념과 토대로서

---

97 여기서 '역전'이란 과거의 계기들, 즉 '토대'에 구현되어 있는 특성(영원한 객체)과 부분적으로 유사하지만 부분적으로 상이한 특성을 끌어들이는 개념적 경험을 의미한다. 이런 경험을 통해 생성하는 계기는 과거와 그것과 부분적으로 다른 특성을 구현하게 된다는 점에서 새로운 것이 된다. 화이트헤드는 이를 개념적 역전(conceptional reversion)이라 부르며 이는 현실적 계기가 창조적 새로움을 구현하는 가장 기본적인 방식이다(PR 26).

98 정신적 계기들에서의 이행에서는 토대에서 주어진 것과, 역전을 통해 새로이 끌어들인 특성(토대의 특성과 다르거나 상반되는 특성)을 대비시켜 통합한다는 점에서 창조적인 종합이 일어나고, 신체적 계기들의 이행에서는 토대에서 주어진 것들을 놓고 단순히 평가(분석)를 통해 취사선택하여 종합한다는 점에서 대체로 반복적인 종합이 지배하게 된다.

의 물리적 계기의 종합은 이 맹목적인 물리적 계기에 대한 지각적 분석으로서, 이들 계기와 개념의 관련 정도에 따라 이루어진다.

"직접적 경험"이라는 표현은 그것이 물리적 계기에 속하는가 아니면 정신적 계기에 속하는가에 따라 두 가지 의미 중에 하나를 가질 수 있다. 그것은 맹목적인 지각에서 통일되어 완전히 구체화하고 있는 물리적 관계들을 의미할 수 있다. 이러한 의미에서 "직접적 경험"은 궁극적인 물리적 사실이다.[100]

그러나 둘째의 더 일상적인 의미에서 그것은 물리적 경험에 대한 의식이다. 이러한 의식은 정신적 계기이다.[101] 그것은 정신성에 포함된 개념들과의 종합을 통한 물리적 경험의 분석이라는 특성을 지닌다.[102] 이때의 분석은 불완전하다. 왜냐하면 그것은 개념들의 한계

---

99 과거의 현실적 계기에 대한 물리적 경험을 말한다. 이를 맹목적이라 말하는 까닭은 그것이 개념적 경험, 즉 분석에 선행하는 근원적 경험이라는 데 있다.

100 과거 계기와 현재 계기 간의 가장 근본적인 물리적 관계를 구현하는 물리적 파악을 말한다. 지각론에서는 이를 인과적 효과성(causal efficacy)의 지각(*Symbolism*, chap. 2) 또는 인과적 지각이라 부르며, 이는 이로부터 파생되는 개념적 파악인 현시적 직접성(presentational immediacy)의 지각(*Symbolism*, chap. 1)과 대별된다.

101 정확하게 말하면 의식은 그 자체로 정신적 계기가 아니라 정신적 계기가 객체를 파악하는 방식, 특히 현실태(fact)와 가능태(could be)를 대비시켜 파악하는 방식을 일컫는다. 여기서 중요한 것은 의식이 어떤 정신적 실체나 그 기능을 가리키는 명사에 해당하지 않고 '파악하다'라는 동사를 꾸미는 부사에 해당한다는 점이다. 근대 이후의 의식 철학은 의식을 사유주체로서의 실체적 지위를 가지는 것으로 간주하는 경향이 있었는데, 화이트헤드는 이를 단호히 거부하고 고등 유기체가 가지는 다양한 경험 방식 가운데 하나일 뿐이라고 주장하고 있다. 다시 말해 의식은 경험의 전제조건이 아니라 오히려 선행하는 물리적 또는 개념적 경험의 결과로서 생겨나는 파생적인 요소라는 말이다. 화이트헤드는 이처럼 주체가 객체를 파악하는 방식을 일반적으로 '주체적 형식'(subjective form)이라 부르며, 모든 파악(경험)은 특정한 방식으로 여건을 평가하면서 수용한다. 예컨대 '중요하게' 파악하기도 하고 '사소하게' 파악하기도 하며, '뜨겁게' 파악하기도 하고 '차갑게' 파악하기도 한다. 이들 부사어들이 바로 주체적 형식이다.

에 종속되기 때문이다. 이 한계는 정신적 계기에서 이루어지는 개념들의 관련성을 차등화하는 데서 발생한다.[103] 가장 완전한 구체적 사실은 양극적이다. 즉 물리적 극(physical pole)과 정신적 극(mental pole)을 가진다.[104] 그러나 어떤 특수한 목적을 위해서는 두 극 사이에 분배되는 중요성의 정도가 어느 한쪽 극이 완전히 무시될 수 있는 경우로부터 어느 한쪽 극이 완전히 지배적인 경우에 이르기까지 다양할 수 있다.

정신적 계기에서 실현되는 가치는 인식가치(knowledge-value)이다. 이 인식가치는 창조성의 완전한 특성이 피조된 세계 속에 구현된 것이다.[105] 현실 세계의 구현으로 이어지지 않는 어떤 것도 창조성 안

---

102 물리적 경험의 분석이란 의식적 경험에서, 맹목적인 물리적 여건(현실적 계기들)이 개념적 가능성(영원한 객체들)과 대비됨으로써 명료하게 분절되는 것을 일컫는다.

103 개념적 가치평가에서 영원한 객체들, 즉 개념들은 '혐오'(aversion)나 '애착'(adversion)의 대상으로 차등화되어 취사선택되기 때문에 물리적 여건 속에 들어 있는 영원한 객체들 전체가 온전히 개념적으로 파악되지 않는다. 개념에 한계가 있다는 것은 이를 두고 하는 말이다. 실제로 우리가 무엇인가를 지각할 때 그것에 들어 있는 특성 전체를 지각하는 것이 아니라 아주 일부 필요한 것만을 취사선택하고, 이렇게 선택한 것들을 놓고 다시 중요한 것과 부차적인 것으로 차등화하여 지각한다고 말할 수 있을 것이다. 그래서 객체(물리적 경험)에 대한 지각적 분석은 결코 완전할 수 없는 것이다.

104 현실적 존재를 여건으로 하는 경험은 파악하는 주체의 물리적 극을 이루고 이 여건과 관련된 영원한 객체를 추상하여 취하는 개념적 경험들은 정신적 극을 이룬다. 여기서 '극'이란 표현은 정도를 표현하기 위한 말이라 할 수 있다. 계기의 물질성이나 정신성은 고정된 특성이 아니라 문제의 계기가 가지는 경험의 성격에 따라 상대적으로 결정되는 것이기에 어느 한쪽이 더 강할 수도 있고 더 약할 수도 있는 것이며, 따라서 정신적 계기라거나 물리적 계기라고 하는 것도 사실상 그 정도에 따른 호칭일 뿐 어느 한쪽을 완전히 결여한 계기는 존재하지 않는다. 모든 계기는 양극성을 가진다는 말이다(앞의 주 79도 보라).

105 '인식가치'란 영원한 객체들에 대한 개념적 파악을 말한다. 이 파악을 통해 이상적 형상이었던 영원한 객체들은 현실적 계기 속에 수용되고 그럼으로써 또한 그 계기를 새로운 것으로 만든다. 그리고 이것은 새로움의 원리로서의 창조성이 작동하는 가장 근본적인 방

에 존재하지 않는다. 따라서 목적을 동반한 창조성은 이상을 의식하는 정신적 피조물[106]로 구현되고, 자신의 조화로운 파악에 의해 창조성을 제약하는 신 또한 이상의 완전성에 따르는 도덕적 판단으로서 정신적 피조물로 구현된다.[107]

세계의 질서는 우연적인 것이 아니다. 아무런 질서도 없이 현실적일 수 있는 것은 없다. 종교적 통찰은 다음과 같은 진리의 파악이다. 세계의 질서, 세계의 심원한 실재성, 세계가 가지는 전체에 있어서의 가치와 부분에 있어서의 가치, 세계의 아름다움, 삶의 열정, 삶의 평화, 그리고 악의 제어 등 이 모든 것들이 함께 결부되어 있다는 것. 그러나 이는 우연적으로 그리된 것이 아니라 다음의 사실, 즉 우주는 무한한 자유[108]를 지닌 창조성과 무한한 가능성들을 지닌 형상의 영역을 보여주지만 이 창조성과 형상들은 완전하고 이상적인 조화인 신을 떠나서는 상호 결합하여 현실태가 될 수 없다는 사실에 근거하고 있다는 것.

식이다. 그래서 화이트헤드는 이를 통해 '창조성의 가장 완전한 특성'이 구현된다고 말하고 있다. 왜냐하면 창조성의 완전한 특성은 새로움을 산출하는 데서 온전히 구현되기 때문이다. 그렇기에 또한 개념적 경험이 지배하는 정신적 계기는 창조성을 가장 충실하게 구현하고 있는 사례라고 할 수 있다.

106 정신적 계기, 그러니까 개념적 경험이 지배적인 계기를 말한다.

107 신의 원초적 본성을 말한다(앞의 주 43, 44, 55도 보라). 신은 또한 결과적 본성도 가지기에 신 역시 양극적 존재이다. 현실 세계를 온전히 물리적으로 파악함으로써 물리적 극(결과적 본성)을 가지면 영원한 객체 전체를 미적 질서 속에 파악함으로써 정신적 극(원초적 본성)을 가진다는 것이다. 이 문장에서 '도덕적 판단'은 영원한 객체들을 평가하여 조화시키는 가치판단의 다른 표현으로 이해될 수 있고 '이상의 완전성'은 원초적 본성에서 미적 질서의 대비로 통일되어 파악되는 영원한 객체들 전체를 의미한다.

108 무제약적 자유.

Religion
in the
Making

교리의 발전
The Development of Dogma

인간 본성에 종교적 감각과 같은 별개의 특수 능력이 있는 것은 아니다. 이러한 주장을 하면서 나는 다음과 같은 의견을 받아들인다.

최근에 종교적 경험을 정신적 삶의 어떤 특별한 기관이나 요소의 활동과 동일한 것으로 보려는 사람들은 잠재의식에 주목해 왔다. 이것은 종교적 경험의 특이성을 옹호하는 데 궁색한 처지에 있던 사람들에게 안전한 피난처가 되는 것처럼 보인다. (저자 주—E. S. Ames, *The Psychology of Religious Experience*, p. 291)

종교적 진리는 우리의 일상적인 감각과 지성이 최상의 수준으로 훈육되었을 때 얻게 되는 인식으로부터 전개되어 나와야 한다. 이러한 입장을 떠나 비정상적인 심리학의 후미진 곳으로 옮겨 가는 것은 결국 종교적 교설의 확고한 토대에 관한 모든 희망을 포기하는 것이다.

종교는 특수한 사례들에서 예증된 것으로 먼저 지각되는 궁극적 진리들을 일반화하는 데서 출발한다. 이들 진리는 정합적인 체계로 확장되고 삶의 해석에 적용된다. 이들은 다른 진리의 경우와 마찬가지로 그 해석의 성공 여부에 따라 존속하기도 하고 사라지기도 한다. 종교적 진리의 독특한 성격은 그것이 명시적으로 가치를 다룬다는 데 있다. 그것은 우리가 관심을 가질 수 있는 우주의 항구적 측면을 의식에 불러온다. 이를 통해 종교적 진리는 가치에 의거하여 우리 자신의 실존에 의미를 부여한다. 이는 사물들의 본성에서 흘러나오는 의미이다.

그러나 우리가 정서에서 완전히 자유로울 때 최상의 관찰을 하게 된다는 것은 사실이 아니다. 관심이 우리의 시선을 이끌지 않을 경우 우리는 어떤 것도 관찰하지 못한다. 뿐만 아니라 우리의 관찰 능력은 제한되어 있다. 그래서 우리가 무엇인가를 관찰하고 있을 때, 다른 것들을 관찰하기에는 좋지 않은 처지에 있게 된다.

따라서 산술적 사실들에 대한 파악을 용이하게 하는 어떤 정서적 상태가 있듯이, 종교적 관심의 대상이 되는 주제에 각별히 집중하기에 아주 유리한 어떤 정서적 상태가 있다. 또한 정서적 상태는 신체의 상태와 연관되어 있다. 대다수의 사람들은 저녁에 피곤할 때 산술에서 잘못을 저지르기 쉽다. 그러나 우리는 산술이 일몰에서부터 새벽까지 여전히 존속한다고 믿는다.

또한 모든 사람이 그들의 지각 능력에서 같은 수준에 있다는 것도 사실이 아니다. 어떤 사람들의 경우 우리에게는 가장 신뢰할 만한 삶의 시기에나 가능한 것으로 간주되는 그런 특정 유형의 정서적이고 지각적인 경험을 계속적으로 그리고 더 높은 수준에서 하고 있는 것처럼 보인다. 그들의 말이 우리 자신에게서 가능한 최선의 순간들을 해명해 주는 한, 그들의 경험이 가지는 증거 능력을 신뢰하는 것이 합당할 것이다.

이러한 고찰들은 모두 평범한 것이지만 우리가 종교적 인식에 관한 철학을 마련하려고 할 때 분명하게 마음에 새겨 둘 필요가 있다.

교리는 개별적인 예증 사례들로부터 가능한 한 멀리 벗어나 있는 일반적 진리에 관한 엄밀한 진술이다. 교리를 이처럼 엄밀하게 표현하는 까닭은 결국 선명하게 의식되고 효과적으로 영향을 미치며 폭넓게 이해되는 가운데 오랫동안 살아남도록 하려는 데 있다.

예컨대 이집트인이 과거 서른 세대 이상의 역사 속에서 실천적 준거로 삼아 왔던 일반적 진리들은 피타고라스나 유클리드 같은 그리스인이 수학적 원리들을 정확하게 정식화하자, 이에 힘입어 한층 더 중요한 것이 될 수 있었다.

그렇기는 하지만 일반적 진리에 관한 우리의 이해가 그에 대한 정확한 언어적 표현에 달려 있는 것은 아니다. 만일 그렇다면 우리는 우리가 이전에 전혀 알지 못했던 어떤 것에 대한 언어적 표현을 놓고 불만을 느끼는 일은 없을 것이기 때문이다. 그러나 우리가 말하고자 하는 것을 정확하게 표현하지 못하고 있다는 생각은 우리들 대다수의 머릿속에 늘 있어 왔던 것임에 틀림없다.

예를 들어 무리수 개념은 19세기 후반 막바지에 정확하게 정의되기에 앞서 이미 2천 년 이상 수학에서 사용되었다. 또한 뉴턴과 라이프니츠는 근대 수리물리학의 토대가 되었던 미분법을 발견하였으나 이와 연관이 있는 수학적 관념들은 그 후 250년 동안 적절하게 언어로 표현되지 못했다.

이와 같이 난해한 사례들은 사실상 불필요하다. 우리는 우리에게 소중한 사람들의 성격의 경우 언어로 정확하게 표현할 수 있는 것보다 더 많이 알고 있다. 그래서 우리는 이들에 대한 어떤 진술의 진실성을 곧장 알아볼 수 있다. 그것은 우리가 이미 파악하고 있지만 한 번도 명확하게 말로 표현한 적이 없는 어떤 것에 대한 새로운 진술일 것이다.

이러한 사례는 또 다른 사실을 보여준다. 즉 한쪽으로 치우친 정식화가 참일 수 있지만, 동시에 왜곡된 강조로 말미암아 거짓의 효과를 가질 수도 있다는 것이다. 이러한 왜곡은 진리가 가지는 그 자체의 특성에 들어 있는 것이 아니라 그것에 의해 영향을 받은 사람들에게 달려 있는 문제이다. 개인의 정신적 기질에 관한 한, 예술에서는 물론이요 진리에서도 그 몫이 있다.

따라서 교리를 전파하는 데 있어 균형을 잃은 열정은 조악한 미적 감수성의 징표가 된다. 그런 열정은 어쩌면 오만함에서, 어쩌면 경솔함에서, 어쩌면 단순한 무지에서 비롯되는 무심한 경향, 즉 다른 사람들은 우리 자신에게 편리한 정식화와는 다소간 다른 정식화를 필요로 할지도 모른다는 사실에 무심한 경향을 보인다. 어쩌면 우리가 좋아하는 교리들이 수정해야 하는 것일 수도 있고 심지어 잘못된 것일 수도 있다.

한 낱말의 운명은 역사가에게 기록의 가치를 지닌다. "dogma"(교리 또는 독단적 주장), "dogmatic"(교리의 또는 독단적인), "dogmatist"(교조주의자 또는 독단주의자)와 같은 동종의 낱말들이 함축하고 있는 근대의 부정적인 의미는 습관적 사유가 겪은 모종의 실패를 증언하고 있다. "dogma"라는 말은 원래 "opinion"(의견 또는 견해)을 의미하며 그래서 더 각별하게는 "철학적 의견"을 의미한다. 예를 들어 그리스의 의사인 갈레노스는 "일반적 원리에 따라 처신하는 의사들"이라는 의미로 "dogmatic physician"이라는 표현을 사용하고 있다. 분명히 여기서 "dogmatic"이라는 말은 칭송의 의미로 사용되고 있다. 최근의 그리스어 사전도 이런 기본적인 정보를 담고 있다. 그러나 그 사전은—그리고 이것이 내가 그 사전을 인용하는 이유인데—갈레노스에 관한 정보에다 불길한 전조가 되는 내용을 추가하고 있다. 그 사전을 보면 갈레노스는 "dogmatic physicians"와 "empiric physicians"를 대비시킨다. 여기서 다시 우리가 이 "경험주의적"이라는 말의 의미를 찾아보면 "경험주의적 의사들"은 "경험만이 유일하게 필요한 것"이라고 주장했다는 사실을 발견하게 된다. 이 강의에서 우리는 "dogmatic"과 "empiric" 간의 이러한 대비를 종교에 적용하여 검토해 보아야 하겠다.

표현의 철학은 오늘날에 와서야 비로소 그에 합당한 주목을 받고 있다. 교리를 구성할 때에는 명료한 의미를 가진 것으로 간주되는 관념만 사용해야 한다. 또한 어떤 관념도 진공상태에서는 의미가 결정될 수 없다. 그것은 관념들의 체계 속에 있는 하나의 관념으로서 존재할 뿐이다. 교리는 특정한 사유의 영역에 나타나는 사실을 표현한다. 우리는 낱말들의 단순한 번역만으로 교리를 전달할 수 없다.

우리는 그것이 관련되어 있는 사유 체계를 이해해야 한다. 아주 분명한 예를 들어 보자. 초기 로마 공화정 시절의 시민들에게 "신의 부성"(Fatherhood of God)이라는 표현은 오늘날 미국인들이 생각하는 의미와는 다른 의미를 지니고 있었을 것이다. 전자에게는 엄격한 존재로 이해되었다면 후자에게는 온화한 존재로 이해될 것이다.

교리의 타당성을 평가할 때에는, 그 사유의 영역 안에 있는 다른 대안들[109]에 비추어 검토해야 한다. 우리가 교리의 절대적 궁극성을 주장하려면, 그 교리가 탄생한 사유 영역에서도 그에 상응하는 궁극성을 주장할 수 있어야 한다. 2세기에서 6세기까지 기독교 교회의 교리들이 자신들이 다루고 있는 주제에 관한 진리들을 궁극적으로 충분히 표현하고 있다면, 그 시기의 그리스 철학은 그에 못지않게 궁극적인 관념들의 체계를 개발해 놓고 있었다. 우리는 종교적 영감을 편협한 신조의 테두리 안에 묶어 두어서는 안 된다.

엄밀한 진술이라는 의미에서의 교리는 결코 궁극적인 것일 수 없다. 그것은 특정한 추상적 개념들을 조정해 놓은 것이라는 의미에서만 충분할 수 있다. 하지만 이런 개념들의 지위에 대한 평가는 확정되지 않은 상태로 남아 있는 것이다.

우리는 우리가 사용하는 용어들의 타당성을 넘어설 수 없다. 교리는 사용된 관념들의 조합으로 표현할 수 있는 주제의 상호연관을 표현한다는 의미에서 참일 수 있다. 그러나 만약 바로 이런 교리가 편협하게 활용되어 그 주제를 분석하는 다른 방식들을 허용하지 않

109 예컨대 당대의 형이상학적 원리체계나 과학적 원리체계.

는 일이 벌어진다면 그것이 비록 그 어떤 진리를 품고 있다 하더라도 그릇된 일일 것이다.

과학의 진리든 종교의 진리든 진리에서의 발전은 주로 개념들의 체계를 구성하고 인위적인 추상이나 부분적인 은유를 포기하며 실재의 뿌리에 더 깊숙이 파고드는 관념들을 이끌어 내는 데 있어서의 발전이다.

표현은 하나의 기본적인 상징이다. 그것은 내적인 영적 은총에 대한
외적인 가시적 기호이다. 따라서 직접적 직관에 대한 공적인 표현을
마련하는 과정에는 우선 각 개인이 직접적으로 확보하는 감각경험
을 어떤 매개물로 표현하는 단계가 먼저 있게 된다. 누구도 다른 사
람을 대신해서 이 일을 할 수 없다. 그것은 모두가 가질 수 있는 인
식을 위해 각자가 기여해야 하는 몫이다.

　이때의 일차적 표현은 주로 행위나 낱말을 매개로 한다. 하지만
부분적으로 예술을 매개로 하는 경우도 있다. 이런 매개의 표현력
은 그 수용자들의 직관을 통해 그것이 해석될 수 있다는 사실에서
나온다. 이러한 해석을 별개로 할 때, 표현방식이란 것은 우연히 발
생할 뿐 합리화되지 못한 단순한 감각경험에 머물게 될 것이다. 그
러나 이러한 해석을 통해 수용자는 표현한 사람의 내적 본성을 통
찰함으로써 우주 질서에 대한 자신의 이해를 확장한다. 이때 후자

가 제공하고 전자가 수용한 표현의 상징에 힘입어 직관 공동체가 생겨나게 된다.

그러나 표현적인 기호는 해석 가능한 것 이상이다. 그것은 창조적이다. 그것은 그것을 해석하는 직관을 이끌어 낸다. 그것은 존재하지 않은 것을 이끌어 낼 수는 없다. 소리굽쇠에서 울리는 음정은 피아노의 응답을 이끌어 낸다. 그러나 피아노는 이미 그 안에 동일한 음정으로 조율된 줄을 가지고 있다. 이와 마찬가지로 표현적인 기호는 이 기호가 없었더라면 존재하기는 하지만 그렇게 개별적인 것으로 선명하게 드러나지는 않았을 직관을 이끌어 낸다. 신학적인 표현으로 다시 말하자면 기호는 '집행 자체만으로'[110] 작동한다는 것이다. 하지만 이는 단지 수용자가 창조적인 행위를 감내한다는 조건하에서이다.

실질적으로 직접적인 표현이란 것은 아주 드물다. 이 말의 의미는 대부분의 표현이 반응적인 표현이라고 할 수 있는 것, 다시 말해 다른 사람들의 표현에 의해 유발된 직관들을 나타내는 표현이라는 것이다. 이는 당연하다 하겠다. 왜냐하면 항구적이고도 중요하고

---

110 라틴어 'ex opere operato'를 의역한 표현이며 영어로 직역하면 'from the work worked' 정도의 의미이다. 이 표현은 성례전이 그 집행자나 참여자의 덕성이나 품행과 관계없이 그 '집행 자체만으로'(from the work worked) 은총이 주어진다는 것을 의미한다. 요컨대 성례전은 그 자체로 효과를 가진다는 말이다. 물론 이는 그럴 수 없다는 주장과 대척점에 있는 주장이다. 아무튼 이 문장만 보면 화이트헤드는 기호가 그 사용자(제공자와 수용자)의 이해나 해석과 관계없이 그 사용만으로도 효과적으로 작동한다고 말하고자 하는 것으로 보인다. 하지만 바로 이어지는 문장을 보면 기호가 작동하려면 수용자가 창조적으로 해석해야 한다는 조건이 붙고 있다는 점에서 기호는 그 사용만으로, 즉 글자 그대로 그 '집행 자체만으로' 작동하는 것이라고 할 수는 없겠다.

또 널리 유포되어 있는 것들은 이러한 방식으로 점차 더 명확하게 정의되기 때문이다.

그러나 이러한 반응적 표현 이상의 무엇인가가 필요하다. 왜냐하면 광대한 형성적 일반성들(formative generalities)[111]을 파악하는 것은 쉬운 일이 아니기 때문이다. 그것들은 관련성 없는 세부 사실들의 잡동사니 아래 묻혀 있다. 인간은 등뼈와 척추동물을 생각하기 전에 개에 대해 이미 많은 것을 알고 있었다. 그 각각의 영역에서 모든 사물들을 올바로 자리매김하는 뛰어난 직관은 역사 속에 서서히 등장할 뿐이다.

반응적 표현이 이렇게 널리 회자되면서 우리는 학구적인 문헌과 모방적인 행위에 익숙해진다. 학구적이지도 않고 모방적이지도 않은 어떤 것을 취하게 될 때, 그것은 대개 아주 유해한 것이다. 그러나 때때로 그것은 천재적인 것일 수도 있다.

문화사를 보면 표현의 독창성이 연속적으로 발전해 가는 것은 아니라는 사실을 알 수 있다. 느리게 진행되는 진화의 단계가 있다가 어느 순간 섬광에 부딪친 듯, 한 명, 두 명, 혹은 세 명 정도의 아주 적은 사람들이 특정한 경험 영역에서 완전히 새로운 직관들을 표현한다. 이러한 직관들은 다른 관념들의 반응을 불러일으키고 이들과의 관계에 의해 분석되어 다른 형식의 경험과 융합될 수 있지만, 그들 자신의 경험 영역 안에 있는 개별적인 근원적 직관으로서는 다른 모든 직관들을 뛰어넘는다.

[111] 예컨대 3장에서 논의된 '형성적 요소들'과 같은 것들이다.

세계는 단테, 셰익스피어, 소크라테스, 그리스의 비극작가 같은 사람들을 반복하지 않을 것이다. 이들은 동료나 후계자 또는 어쩌면 자신들에 필적하는 사람들로 이루어진 작은 그룹이라는 직접적인 환경과 관계하면서 오직 단 한 번 무엇인가를 추가한다. 우리는 그들과의 관계 속에서 발전하지만 그들이 세계 속에서 포착했던 명확한 직관에 관한 한 그들을 넘어설 수 없다. 이들 사례들은 단지 쉽게 이해할 수 있도록 문학의 영역에서 가져온 것이다.

　그들에게서 주목해야 할 두 가지 사항이 있다. 첫째로 그들은 그들 특유의 독창성에 적합한 작은 규모의 무대를 배경으로 하고 있다. 규모의 크기가 일정한 수준에 이르게 되면 무엇이나 할 수 있겠지만 천재를 길러 내지는 못한다. 그것은 작은 오아시스의 특권이다. 괴테는 세계 전체를 전체적으로 조망했지만 그것은 어디까지나 바이마르에서였다. 셰익스피어는 보편적이었지만 그는 엘리자베스 시대의 영국에 살았다. 우리는 아테네 밖에 있는 소크라테스는 생각조차 할 수 없다.

　둘째는 그들 특유의 독창성이 그들의 표현에서 정식화되지 않고 남아 있는 바로 그런 요소에 있다는 점이다. 그들은 모든 인간들이 알고 있는 것을 다루지만 그것을 새롭게 만든다. 그들은 세계에 새로운 정식(formula)을 가져오거나 새로운 사실들을 발견하지 않는다. 그러나 그들은 세계에 대한 자신들의 이해를 표현하면서 새로운 요소, 즉 적절한 반응을 끊임없이 불러일으키는 새로운 표현을 후세에 남겨 놓는다.

　독창적인 사람들 가운데도 일부는 자신의 생각을 정식으로 표현하는 경우가 있다. 그러나 그 정식은 그 자체를 넘어서는 무엇인가를 표현한다. 이때 정식은 그 의미에 부차적인 것이며, 어떤 의미에서는 문자적 장치에 불과하다. 정식은 그 중요성이 퇴색되거나 심지어 버려지기도 한다. 그러나 그것의 의미는 세계를 비옥하게 하고, 새로운 상황에 적절한 새로운 표현을 발견한다. 그 정식이 틀린 것은 아니었지만, 그 자체의 사유 영역 안에 묶여 있었던 것이다.

특히 극소수의 근본적인 교리가 존재한다는 견해는 자의적인 것이다. 복잡한 종교적 경험의 사실들을 어느 정도 충분히 정식화한 참된 교리들은 모두 문제의 개인에게 근본적인 것임에도 그는 위험을 무릅쓰고 이들을 무시하고 있는 것이다. 하지만 정식화는 더 선명한 파악에 도움이 되는 반면 그렇게 위험을 무릅쓰는 일은 영적인 상승이라는 어려운 과제 수행에 아무런 도움도 되지 않는다.

그렇지만 개인은 누구나 난공불락의 무지로 인해 괴로워한다. 그리고 파악되는 순간에 어떤 반응도 불러일으키지 못하는 교리는 종교적 삶을 질식시킨다. 기계적인 규칙이란 존재하지 않으며 완전한 진실성의 필요성에서 벗어날 길도 없다.

따라서 종교는 기본적으로 개인적이며, 종교의 교리들은 외적인 표현을 명확하게 하는 방식이다. 종교적 교리들의 편협한 활용은 대부분의 개화된 세계에서는 아니라 할지라도 상당 부분의 개화된 세계에서 실제로 그들의 유용성을 파괴해 왔다.

표현, 특별히 교리에 의한 표현은 고독으로부터 사회로의 회귀이다. 절대적인 고독과 같은 것은 존재하지 않는다. 각각의 존재는 자신의 환경을 필요로 한다. 따라서 인간은 자신을 사회로부터 격리시킬 수 없다.

성직자와 성찬 받는 자가 하나가 되는 성례전처럼 개인적인 직관에도 외적인 표현은 필요하다. 더욱이 은밀하게 알려진 것은 공동으로 향유되고 공동으로 검증되어야 한다. 이런 방식으로 순간의 직접적 확신은 객관적 세계를 계몽하는 합리적 원리로 정당화된다.

위대한 순간적 확신은 이렇게 복음, 즉 기쁜 소식이 된다. 그것은 자신의 보편성을 잃지 않는다. 왜냐하면 그것은 복음이거나 아니면 덧없는 환상일 것이기 때문이다. 이교도들의 개종은 진리의 효과인 동시에 진리의 시금석이다.

이렇게 단순한 영감은 그 최초의 표현에서 반응적 경험으로 옮아갔다. 그때 그것은 엄밀한 교리로 정식화됨으로써 특수한 경험으로부터 벗어나 역사의 변화에 맞선다.

이러한 과정에서 종교는 인간 삶의 다른 요소들과 융합한다. 그것은 확장되고, 설명되고, 수정되고, 각색된다. 만약 그것이 본래부터 진리에 기반을 두고 있었다면 그것은 그 기원이 된 단순한 영감으로 되돌아감으로써 자신의 정체성을 유지할 것이다. 교리는 복잡한 세계가 종교의 근본이 되는 직관에 비추어 어떻게 표현될 수 있는지를 보여주는 진술이다. 교리는 그 특성이 단순해야 할 필요도 없고 그 수가 제한될 필요도 없다.

세 가지 전통
The Three Traditions

교리를 표현하는 방식에서의 차이는 불교와 기독교의 두 전통에서 가장 분명하게 찾아볼 수 있다. 이러한 차이는 중요하다. 왜냐하면 그것은 가장 근본적인 종교적 개념들인 신의 본성과 삶의 목적으로 곧장 이어지기 때문이다.

두 종교 간에는 밀접한 유사성이 있다. 양자에는 모두 어떤 의미에서 구원자가 있다. 기독교의 그리스도와 불교의 부처이다. 그러나 두 종교의 신학에 따르면 이들의 역할은 다르다. 양자 어느 경우나 은총을 입은 자의 영혼은 신에게로 되돌아간다. 그런데 이러한 유사성 뒤에는 아주 큰 차이가 존재한다. 왜냐하면 양자에게서 신의 개념이나 영혼 회귀의 의미는 서로 다르기 때문이다.

도덕적 규범들도 주목할 만한 유사성이 있다. 물론 여기에도 신학적 차이에서 자연스럽게 생겨나는 차이가 존재한다. 간단히 말하자면 불교는 대체로 능동적인 인격체의 의미를 억제하는 데 반해 기독교는 부각시킨다. 예를 들어 플라톤과 아리스토텔레스에 기원을 둔 근대의 유럽 철학은 기독교가 탄생한 지 1600년이 지나서야 개별적인 경험 주체가 가지는 중요성에 한층 더 주목하는 가운데 자신의 문제를 재구성하였다. 이 주체는 변화하는 경험을 겪어 나가는 불변의 존재로 간주되었다. 만약 그리스 시대 이후의 유럽이 불교에 포섭되었더라면, 철학적 사조는 다른 방향으로 흘러갔을 것이다.

철학의 이런 재구성은 그 차이를 더 키워 놓았다. 왜냐하면 여기서 정신이든 물질이든 지속하는 개별적 실체는 변화하는 경험을 뒷받침하는 주체로 이해되기 때문이다. 그래서 서양에 널리 퍼져 있는 생각에 따르면 불교의 도덕적 목표는 이런 형이상학의 제일 원리들을 변경하는 쪽으로 나아가고 있다.

19세기 마지막 3분기에 유럽과 미국에서 대단한 영향력을 행사하였고 또 이 때문에 반발이 생겨나기도 했지만 여전히 강력한 힘을 가지고 있는 절대적 관념론은 분명히 불교적 형이상학에 대해 서양의 정신성이 보여준 반응이었다. 유한하고 지속하는 다수의 개별자들은 현상의 세계로 추방되었고 궁극적 실재는 절대자에게 집중되었다.

하지만 그러는 사이에 과학이 세 번째 사유의 조직체계로 등장하여 당면한 신학적 물음들에 답변하였고, 그래서 여러 가지 측면에서 신학의 역할을 대신하였다. 과학은 우주론을 시사하였다. 그리고 우주론을 시사하는 것은 그것이 무엇이든 모종의 종교를 시사하게 마련이다.

과학은 그것이 탄생한 16-17세기부터 종교적 세계상을 수정한 관넘들을 역설하였다. 중세의 세계상이 와해되었을 때 종교와 철학은 하나같이 연거푸 충격을 받았고 19세기 중반이 되면서 그 충격은 막바지 정점에 달했다.

철학은 그 본성 때문에 시원적인 세계상을 그리는 일에 종교만큼 몰두하지 않았다. 그 결과 철학은 사유의 두 흐름으로 쪼개졌다. 하나의 흐름은 과학에 완전히 복속하여, 당시의 과학적 작업에서 사용되는 관념들을 적절히 조정하는 문제를 논하는 것이 자신의 책무라고 주장하였다. 다른 하나의 흐름은 절대적 관념론으로, 과학은 현상 세계에 대한 유한한 진리를 다루지만, 이들 현상은 진정한 실재가 아니며 이들 진리 또한 진정한 진리가 아니라고 주장하면서 과학을 우회하였다. 그것은 궁극적 실재에 관해서든 최종적인 절대적 사실에 우리 자신이 참여하고 있다는 사실에 관해서든, 인식할 수 있는 모든 것에 대한 결정권은 철학에 있다고 보았다.

근대 문화사에서 합리적 종교의 중요한 특징은 이 종교가 자신의 근본적인 주장, 즉 추상 관념들의 유한한 체계적 도식이 사물의 질서가 지닌 어떤 측면을 명료하게 드러내는 데 아무리 중요하다고 할지라도, 우리는 이런 도식으로 정식화될 수 있는 것 이상을 안다는 주장으로 인해 살아남기도 하고 몰락하기도 한다는 데 있다.[112]

종교의 궁극적인 원리적 주장은 사물의 본성 속에 우리의 실천

---

112 앞서 보았듯이 종교의 본질적인 생명력은 교리로 온전히 정식화되지 않는 영감(원초적 직관)의 영역에서 온다. 그러나 다른 한편 바로 그렇기 때문에 동일 종교 집단 내에서 이 직관에 대한 교리적 해석을 놓고 갑론을박하는 분파적 행태가 빚어지기도 한다. 화이트헤드는 이런 경우 종교는 몰락하게 된다고 보고 있다.

지침과 사실에 대한 이론적 분석 가능성을 품고 있는 지혜가 존재한다는 것이다. 종교는 이 원리적 주장을 두 가지 증거자료로 뒷받침한다. 하나는 우리가 물리과학과 같은 여러 가지 전문적인 이론과학에서 거둔 성공이다. 다른 하나는 우리가 질서정연한 여러 관계들을 식별하여 갖게 되는 인식이다. 특히 미적 가치평가에서 이런 인식은 체계적인 언어로 표현해 왔던 모든 것을 훨씬 넘어서서 뻗어나간다.

종교에 따르면, 이렇게 식별되는 다양한 관계들은 그 자체로 존재의 실체를 구성한다. 정식화는 표면 위의 거품이다. 종교는 세계가 사물들의 상호 조정된 배열로서, 자기 자신을 위한 가치를 구현하고 있다고 주장한다. 과학이 늘 잊고 있는 것은 바로 이 점이다.

종교는 자신의 교리에서 영감을 얻으려 할 때 자멸하게 된다. 종교의 영감은 종교의 역사 속에 있다. 영감은 가장 고결한 유형의 종교적 삶이 성취한 직관의 원초적 표현에서 찾아야 한다는 말이다. 종교적 믿음의 원천은 비록 과거의 표현들 가운데도 일부 최상의 것이 있을 수는 있지만 끊임없이 성장하고 있다. 이런 원천에 대한 기록들은 정식화된 것이 아니다. 이들 기록은 우리에게서 교리를 꿰뚫고 나아가는 직관적 반응을 끌어낸다.

그러나 교리적 표현들은 필요하다. 왜냐하면 객관적으로 타당한 것은 무엇이나 추상적인 개념에 의해 부분적으로 표현될 수 있고, 그래서 문제의 교리가 탄생한 지역을 넘어 세계 전체를 해명하는 정합적인 교설이 생겨날 수 있기 때문이다.

또한 정확한 진술은 세계에 대한 직관을 아주 다양한 환경 속에서 동일한 것으로 알아볼 수 있게 해주는 매체이다.

그러나 교리는 아무리 참이라 하더라도 때로는 과도하게 단정적인 용어로, 또 때로는 진리의 본질을 놓치는 용어로 표현된 진리의 조각일 뿐이다. 교리는 철학적 사유의 엄밀한 체계에 비추어 정확하게 이해될 때, 정확히 참이거나 참이 아닌 것으로 판명될 수 있다.

그러나 이처럼 정확한 진리라는 측면에서 보자면 교리는 매우 추상적인 것이다. 그것은 사람들이 그것을 보고 흔히 머릿속에 떠올리는 것보다 훨씬 더 추상적이다. 뿐만 아니라 사실상 정확하고 완전한 철학적 사유 체계라는 것이 존재한 적도 없었고 교리에 대한 정확한 이해, 즉 완전한 체계든 불완전한 체계든 어떤 철학적 체계에 의해 엄밀하게 해석된 것에만 주목하여 얻어진 이해라는 것이 있어 본 적도 없었다.

따라서 비록 교리가 진리에 대한 불변의 척도를 가지고 있다고 할지라도 엄밀한 형식을 지닌 교리는 옹색하고 제한적일 뿐 아니라 또 변화 가능한 것이며, 유용하게 활용될 수 있는 영역을 넘어서면 사실상 진리일 수 없는 것이다.

교리의 체계는 교회가 역사의 밀물을 따라 안전하게 떠다닐 수 있는 방주일 수 있다. 그러나 교회는 창을 열고 비둘기를 날려 보내 올리브 가지를 찾지 않는다면 무너지게 될 것이다. 이따금 교회는 게리짐(Gerizim) 산도 예루살렘도 아닌 아라랏(Ararat) 산에 상륙하여 하느님의 영(Spirit)을 향해 새로운 재단을 세우는 것이 실로 좋을 것이다.[113]

근대 사유에서 결정적인 영향력을 행사했던 기독교와 불교가 쇠퇴하게 된 부분적인 이유는 이들이 각기 상대로부터 과도하게 자신을 비호해 왔다는 사실에 있다. 현학적인 학식에 대한 자기만족과 무지한 광신도의 맹신이 어우러져 두 종교를 각자의 사유 형식에 가두어 버렸다. 그들은 상대에게서 더 깊은 의미를 찾아보려 하지 않고 자족하는 가운데 생산성을 잃어버렸다.

양자 모두 과학이라는 세 번째 전통의 발흥으로 말미암아 수난을 겪어 왔다. 어느 쪽도 적응에 필요한 유연성을 가지고 있지 못했기 때문이다. 그래서 종교의 실제적이고 실천적인 문제들이 이런 문제들을 연구할 수 있는 유일한 방법인 경험학파의 방식으로는 한 번도 온전히 연구된 적이 없었다.

한 가지 아주 분명한 문제는 교리가 수정될 수 있는 것이라고 할 경우, 영적인 진리를 중간에 전달하는 상상적 표상들이 효력을 잃지 않게 하려면 어떻게 해야 하는가 하는 것이다. 종교적 정신은 변증법적인 예리함과 다르다. 그래서 이런 매개적 표상들은 종교적 삶에서 중요한 역할을 한다. 예배의 양식이나 통속적인 종교 문학이나 예술은 하나같이 이들을 소중히 여긴다. 종교는 이들 없이는 제 역할을 하기 어렵다. 하지만 만약 그것들이 주도적인 요인이 되어 더 이상 교리에 의해서든 종교적 영감의 일차적 원천에로의 회

---

113 유대인들의 예루살렘 성전을 의식해서 바빌론 유수 이후 사마리아인들은 게리짐 산에 성전을 세웠다고 전해지는데 메카가 무슬림의 최고 성지이듯이 이 두 곳은 두 종족에게 각기 최고의 성지였고 후일 이 두 종족 간의 반목과 갈등의 상징이 되었다. 화이트헤드가 이 두 곳의 제단과 새로운 제단을 언급하는 것은 '창을 닫아 놓은 방주'와 같은 근대 교회의 분파적 행태와 교리에 대한 편집증적 이해를 비판하고 '비둘기를 날려 보내' 새로운 진리, 새로운 해석을 구하는 결단의 필요성을 말하고 싶어서일 것이다.

귀를 통해서든 비판받는 일이 없게 된다면 우상이라 부르는 게 마땅할 것이다. 기독교의 역사에서 우상숭배라는 비난은 경쟁하는 신학자들 사이에서 오가곤 했다. 넓은 의미에서 보자면, 이런 비난이 오간 데에는 아마도 개신교와 천주교의 거점이 되는 모든 교회가 사실상 똑같이 책임을 져야 할 것이다. 우상숭배는 정체된 교리의 필연적 산물이다.

그러나 통속적인 사유의 형식들을 다루면서, 이들로 하여금 이들의 일차적 원천과 온전한 관계를 유지하는 동시에 당대 최선의 핵심적인 교리들과 지속적으로 접촉하게 하는 것은 결코 쉬운 일이 아니다. 기독교 교회의 역사에서 이런 과제의 중요성을 명확하게 파악하고 있었던 것으로 보이는 주요 인물은 3세기 초기 알렉산드리아 교회의 오리겐과 16세기 초기의 에라스무스였다.[114] 이들 두 사람의 비슷한 삶의 여정은 교리적 우상숭배가 절정에 달했던 시기의 기독

---

114 오리겐(Origen Adamantius, 185-254)은 초기 기독교 신학자로 이 분야의 다양한 저작들을 남겼다. 하지만 대다수 교부들과 달리 그는 성자의 반열에는 오르지 못했다. 무엇보다도 그의 교설 가운데 일부가 그리스도의 사도들, 특히 바울과 요한의 가르침과 충돌했기 때문이다. 그의 영혼선재(pre existence of souls) 주장이나 악령을 포함한 모든 피조물들이 최종적으로 화해하도록 되어 있다는 주장, 그리고 성자가 성부에 예속되어 있다는 주장 등은 극심한 논쟁을 불러일으켰다. 그리고 르네상스 시대를 대표하는 학자라는 정도는 누구나 알고 있을 에라스무스(Desiderius Erasmus Roterodamus, 1466-1536)는 당시 한창 무르익어 가고 있던 종교 개혁의 분위기를 거스르는 삶을 살았다. 물론 그 역시 당시 교회의 전횡을 비판하고 개혁을 요구하였다. 그러나 루터나 멜란히톤 같은 인물들과 거리를 둔 채 교황의 권위를 일정 부분 인정하는 쪽을 택하였다. 그는 중도적 입장에서 신앙, 경건, 은총 등을 하나같이 깊이 존중하였고 오직 신앙만을 강조하는 루터의 입장에 동의하지 않았다. 그러나 이런 그의 중간자적 태도는 양쪽 진영의 학자들 모두로부터 외면당했다. 여기서 화이트헤드가 '흔들리는 교회의 태도'를 대변하는 인물로 이들 두 사람을 예시하고 있는 까닭은 그가 보기에 결국 두 사람 모두 이처럼 종교적 영감의 원천이 되는 직관적 경험과 우상이 되어 버린 당대의 핵심 교리 사이에서 방황하고 있었다는 데 있을 것이다.

교 교회의 흔들리는 태도를 보여주고 있다. 그러나 에라스무스가 평생토록 로마 황실의 지원을 받을 수 있었던 것은 당시 교황권의 커다란 공적으로 돌려야 할 것이다. 유감스럽게도 에라스무스는 선한 사람이긴 했으나 영웅은 아니었고 르네상스 시대 교황권의 도덕적 정서는 그 철학적 통찰에 미치지 못했다. 교황 레오 10세의 한마디 말[115]에서 수도사들의 싸움이 시작되었다. 그리고 경쟁적인 현학자들이 간명한 교리 체계를 재단하고 이를 우주의 변화불가능한 척도로 삼고자 하는 사이에 또 한 번의 소중한 기회가 사라지고 말았다.

---

115 레오 10세가 교황으로 선출된 직후 했다고 전해지는 말로서, "교황권은 하느님이 우리에게 주신 것이니 우리가 이를 즐기도록 합시다."라는 표현을 일컫는 것으로 보인다. 실제로 그의 이 언사는 수도사들의 반발을 불러일으켜 결국 종교 개혁의 시발점이 된 상징적 사건으로 종종 인용되고 있는 것을 볼 수 있다.

신의 본성
The Nature of God

종교 개혁기를 특수한 사례로 포함하는 종교적 사유의 일반적 역사
는 탁월한 전형적 경험을, 일반적인 경험에 토대를 둔 형이상학으로
부터 이끌어 낼 수 있는 것보다 더 명확한 인식의 원천으로 해석하
려는 인류의 노력으로 점철되어 있다.

　이러한 시도 자체에 어떤 부당성이 내재한다고 할 수는 없다. 하
지만 만일 우리가 진리에 대한 분명한 진술을 찾고자 할 때 준거로
삼아야 할 일반 원리에 주목한다면, 우리는 모든 경험의 원천을 하
나의 체계 속에 담아내기 위해 이들을 확장하고 개선하고 일반화하
고 각색할 준비가 되어 있어야 한다.

　초기의 진술들은 잘못된 것이라기보다는 사소한 한계 때문에 모
호해지고 그 때문에 보완적인 진리들을 배제하고 있는 것일 수 있
다. 그렇기에 성장은 진리에 부분적으로 기여할 것이다.

　종교에 근본적인, 신의 본성에 관한 교설은 이런 의미로 해석되

어야 한다. 종교적 사유에서 중대한 균열이 생겨나는 것은 바로 이 교설과 관련해서이다. 그 양극단에는 신을 우주의 비인격적 질서로 간주하는 교설과 우주를 창조하는 인격체로 간주하는 교설이 있다.

일반적 개념은 기술적인 형이상학적 체계에 의해 해석되어야 한다. 이 강의의 마지막 절인 이 지점에서 우리는 묻는다. 이 강의를 진행하면서 사유의 토대로 채택해 왔고 또 바로 앞의 강의에서 좀 더 자세히 소개했던 형이상학적 기술을 전제로 할 때, 우리가 신의 본성에 관해 말할 수 있는 것은 무엇인가?

현실적으로 있다는 것은 제약되어 있다는 것이다. 현실적 사물은 흘러나온 느낌가치(feeling-value)[116]이며, 이는 우주의 요소들을 하나의 통일된 사실 속에 차등화하여 포섭한 결과물로 분석될 수 있다. 그리고 이처럼 함께 포섭하는 것은 지각이라 부를 수 있을 것이다. 차등화한다는 것은 다양한 요소들이 하나의 현실적 사실에 기여하는 정도에 따라 그 관련성을 차등화하는 것이다.

종합이란 이미 현실적으로 있는 것과 그 계기에서 실현될 새로운 것 사이의 결합이다. 나는 이를 현실적 토대와 새로운 결과의 결합이라고 일컬어 왔다. 토대는 세계의 모든 사실들로 구성되며 이들은 이미 현실적으로 있으면서 관련성의 정도에 따라 차등화된 것들이다. 결과는 관련성의 정도에 따라 차등화된 모든 가능적인 이상적 형상들로 구성된다. 현실적 토대의 차등화는 어떤 현실적 사실로 구현된 창조성이 바로 이 사실을 근거로 하여 새로운 형상 속으

---

116 자기 가치를 구현하고 있는 것으로서의 현실적 계기.

로 들어가는 데서 생겨난다.[117] 따라서 문제의 새로운 창조성은 그 특수한 기원에서 생겨나는 일정한 지위를 이미 세계 속에서 가지고 있다. 우리는 차등화가 지위로부터 생겨난다고 말할 수도 있고 지위가 차등화에서 생겨난다고 말할 수도 있다. 이들은 동일한 것을 달리 말하고 있는 것에 불과하다.[118]

이상적 형상들의 차등화는 현실적 사실들의 차등화에서 생겨난다. 그것은 사실과 형상의 결합으로서, 이런 결합은 선행하는 사실들로부터 가능한 유형의 새로워진 느낌가치를 새로운 결과물로서 끌어낼 수 있을 만큼 이루어진다.

가치의 깊이는 선행하는 사실들이 조화롭게 협력할 경우에만 가능하다. 따라서 미래로 가치의 깊이를 영속화하려면 토대에 얼마간의 조화가 들어 있어야 한다. 그러나 조화는 제약이다. 따라서 적절한 제약은 실재의 성장에 불가결한 요소이다.

---

117 여기서 말하는 '현실적 사실로 구현된 창조성'은 생성을 마친 현실적 존재의 창조성이다. 그런데 이 창조성은 문제의 현실적 존재가 생성을 완결함과 동시에 후속하는 새로운 현실적 계기, 즉 최초의 지향이라는 이상적 형상으로 한정되어 등장하는 현실적 계기의 창조성으로 옮아가게 된다. 이렇게 옮아가는 창조성은 존재의 내적 생성을 말하는 합생(concrescence)과 구별하여 이행(transition)이라 부른다(앞의 주 59도 보라). 그래서 이 문장은 과거의 계기 속에서 작동했던 창조성(합생의 창조성)이 현재의 계기를 만드는 창조성(이행의 창조성)으로 옮아가는 과정을 말하고 있다고 할 수 있다. 그리고 토대 즉 과거의 현실적 존재들이 '차등화된다'는 것은 이들이 새로운 이상과의 관련성에 비추어 차등 평가되는 것을 의미한다. 말하자면 새로운 이상(최초의 지향)을 실현하는 중요한 요인이 되는 것은 높이 평가되어 강조되고 그 이상의 실현에 도움이 되지 않거나 저해할 것으로 판단되는 것은 낮게 평가되거나 거부(부정)된다.

118 과거의 현실 세계 전체와 새로이 출현하는 현실적 계기는 상호 규정(차등화)한다는 말이다. 말하자면 새로운 계기는 그 자신이 현실 세계의 산물이라는 점에서 이 세계에 의해 그 지위가 규정되며, 반대로 이 세계는 또한 새로운 계기의 전망 하에 들어오는 세계라는 점에서 이 계기의 지위(입각점)에 의해 규정된다고 할 수 있다.

무제약적 가능태와 추상적 창조성은 아무것도 산출하지 못한다. 제약과, 이미 현실적으로 있는 것으로부터 생겨나는 토대는 모두 필요할 뿐 아니라 상호 연관되어 있다.

따라서 전체 과정 그 자체를 창조성으로부터 산출된 일정하게 제약된 임의의 단계에 있는 사실로 볼 경우, 그것은 이미 현실적으로 있는 것을 그 형성적 요소들 가운데 하나로서 필요로 한다. 이때의 현실적인 것[119]은 이상적 형상이 시간적 세계의 일정한 과정 속에 개입하기 위한 선행하는 토대가 되는 것이다.

그러나 이와 같이 완전한 원초적 현실태는, 과정에서 산출되고 또 과정을 필요로 하는 지각작용의 맹목적인 계기들에서 볼 수 있는 현실화 과정에 있는 현실태와 달라야 한다. 이런 계기들은 본질적으로 이행하고 있는 물리적 세계를 구성한다.

이행에 선행하는 토대인 신은 물리적 가치의 모든 가능태들을 개념적으로 포함하고 있어야 하며, 그럼으로써 이상적 형상들 각각을 동등하게 인식하여 개념적으로 실현하고 있어야 한다. 그래서 개념으로서의 이상적 형상들은 이런 전지적 종합(synthesis of omniscience)에서 함께 파악되고 있다.

신의 제약은 그의 선(goodness)이다. 그는 자신의 조화로운 가치평가에 의해 자신의 현실성의 깊이[120]를 얻는다. 신이 모든 측면에서

---

119 신, 특히 원초적 본성으로서의 신을 가리킨다.

120 경험의 강도(intensity)를 달리 표현한 말로서 강력한 미적 조화를 구현하는 경험을 의미한다(PR 27, 255).

무한하다는 것은 사실이 아니다. 만일 그렇다면 신은 선할 뿐 아니라 악할 것이다. 또한 이와 같은 선과 악의 무제약적 혼합은 단순한 무(nothingness)를 의미하게 될 것이다. 신은 결단에서 생겨나는 존재이며, 그래서 제약되는 존재이다.[121]

신은 그의 통찰이 가치의 모든 가능성을 결정한다는 의미에서 완전하다. 이러한 완전한 통찰은 모든 세부적인 것들을 통합하고 조정한다. 따라서 가치의 특수한 양태들 사이의 관계들에 대한 그의 인식은, 그의 이상적 세계에서 개념적으로 이미 실현된 것이 현실적 세계 속에 실현되는 과정에서 추가되거나 혼란을 겪지 않는다. 이러한 개념적인 조화의 이상적 세계는 단지 신 그 자신에 관한 기술일 뿐이다. 따라서 신의 본성은 이상적 형상 영역의 완전한 개념적 실현이다. 천국은 신이다. 그러나 이러한 형상들은 단순히 고립된 상태로 신에 의해 실현되는 것이 아니라 그의 개념적 경험의 가치를 구성하는 요소로 실현된다. 또한 이상적 형상들은 그의 완전한 경험에 기여하는 요소로서 신의 통찰 안에 있다. 왜냐하면 이때 신은 이들의 가능성들을 그 어떤 피조물 안에서나 구현될 가치의 요소로서 개념적으로 실현하고 있기 때문이다. 따라서 신은 하나의 체계적인 완전한 사실로서, 모든 창조적 행위를 조건지우는 선행적 토대가 된다.

신의 존재의 깊이는 찬미나 권력의 통속적 행태들을 초월한다.

---

[121] 신의 원초적 본성은 영원한 객체들 전체를 평가하고 차등화하여 조화시키는 결단에서 자신의 생성을 시작한다. 따라서 신은 이때 영원한 객체들의 이런 조합에 의해 제약된다고 말할 수 있다.

그는 감내하는 경험[122]으로 하여금, 그 경험으로부터 산출될 수 있는 여러 가치들을 즉각적으로 통찰할 수 있게 한다. 그는 잃어버린 것들을 그 자신의 본성 안에 살아 있는 사실들로 변화시키는 이상적인 동반자이다.[123] 그는 모든 피조물에게 이들 자신의 고귀성을 드러내 보여주는 거울이다.

천국은 악에서 격리된 선이 아니다. 그것은 선에 의한 악의 극복이다. 이렇게 선으로 변환된 악이 현실 세계 속에 들어오게 되는 까닭은 이 세계에 포함되어 있는 신의 본성이 선이 회복될 수 있도록 각각의 현실적 악에 대한 이상적 통찰과 새로운 결과를 조화시킨다는 데 있다.

신의 본성에는 악이나 고통이나 퇴락에 대한 인식이 들어 있지만 이런 인식은 선한 것을 통해 극복된 것으로 존재한다. 모든 사실은 그 자체로 기쁨의 사실이거나 즐거움의 사실이거나 고통의 사실이거나 고난의 사실이다. 이들 사실은 신과의 결합에서 완전한 상실로 이어지지 않는다. 이들의 더 고결한 측면은 사멸하는 사물들의

---

122 원어는 'suffering'으로 'suffer'는 보통 '겪어 내다', '감내하다'와 같은 수동적 양태의 경험을 의미한다. 그래서 이 표현은 새로운 계기 또는 이 계기가 가지는 경험을 가리키는 말로 이해할 수 있겠다. 왜냐하면 이때의 계기나 그 경험은 현실 세계의 제약 하에서 일어나는 것이며, 따라서 수동적일 수밖에 없기 때문이다. 물론 새로운 계기가 이처럼 감내하는 경험에서 생성을 시작하기는 하지만, 이 경험으로부터 자신의 창조적 가치, 즉 신이 제공한 '최초의 지향'이라는 가치를 구현할 풍부한 소재(과거에 이미 구현된 가치들)를 곧바로 발견하게 될 것이다.

123 생성한 과거의 현실 세계 전체는 신의 결과적 본성(consequent nature)에 포섭되어 그의 생성에 참여한다. 그래서 죽은 과거는 신의 현재 속에서 살아 있게 된다. 화이트헤드가 천국을 신이라고 말하는 것도 궁극적으로는 정확히 이런 의미에서이다.

리듬 속으로 짜여 들어가는 불멸하는 요소가 되고, 이들의 악한 측면은 신의 포괄적인 이상들 속에서 디딤돌이 된다.

모든 사건의 더 고결한 측면은 세계 속에 신을 끌어들인다. 이를 통해 신의 이상적인 통찰은, 세계를 악의 자기파괴로부터 구출할 요소로서의 이상적 결과를 제공하기 위한 현실적 사실 속의 토대를 확보하게 된다. 신이 세계를 존속시키는 힘은 이상적인 것으로서의 그 자신의 힘이다. 신은 모든 창조적 행위를 낳는 현실적 토대에 자신을 덧붙인다. 세계는 본질적으로 신을 육화함으로써 생존한다.

신은 시간적 세계를 초월한다. 왜냐하면 그는 사물들의 본성 안에 있는 현실적 사실이기 때문이다. 그는 세계로부터 파생되는 것으로서 거기에 있는 것이 아니다. 그는 다른 형성적 요소들과 분리될 수 없는 현실적 사실이다.[124]

그러나 동시에 신은 그 본성상 이상적인 개념적 조화의 실현으로서 존재한다.[125] 이런 개념적 실현에 근거하여 전체 우주 속에는 현실적인 과정이 있게 된다. 말하자면 질서가 있기에 현실적인 것이 되는 진화하는 세계가 있게 되는 것이다.

---

124 시간적 사물들을 규정하는 형성적 요소로 기능하는 현실적 존재로서의 신을 말한다. 하지만 이때의 신은 다른 한편으로 영원한 객체들 전체를 자기화함으로써 자신을 창조하는 과정에 있다는 점에서 다른 형성적 요소들, 즉 영원한 개체와 창조성에 의해 규정되고 있는 피규정자라고 할 수 있다(앞의 주 121도 보라). 그래서 화이트헤드가 말하는 신은 규정자인 동시에 피규정자라는 양면성을 지니게 되는데, 규정자로서의 신은 시간적 세계를 초월하고 피규정자로서의 신은 시간적 세계에 내재하게 된다. 그리고 이 점에서 그가 말하는 신은 시종일관 세계 초월적인 것으로 이해되어 온 전통적인 존재신학적(onto-theological) 신과 구별된다.

125 원초적 본성의 신이다.

따라서 추상적인 형상들은 신과 현실적인 세계를 연결하는 고리이다. 이러한 형상들은 추상적일 뿐 실재적이지 않다. 왜냐하면 그것들 자체로는 현실적 가치의 어떤 성취도 보여주지 못하기 때문이다. 현실적인 사실은 언제나 하나의 지각작용 속으로의 융합을 의미한다. 신은 이와 같은 하나의 개념적 융합으로서, 조화로운 상대적 종속관계로 차등화된 모든 가능태들의 개념을 품어 안고 있다. 시간적 세계를 구성하는 각각의 현실적 계기는 그와 같은 융합의 또 다른 사례이다. 형상들은 어느 한 현실적 계기에 귀속되지 않듯이 신에게 귀속되지도 않는다. 이러한 형상들을 떠날 경우 신에 대해서든 현실적 세계에 대해서든 합리적 기술이 불가능하다. 또한 신을 떠날 경우 현실적 세계는 존재할 수 없을 것이며, 창조성을 머금은 현실 세계를 떠날 경우 신을 구성하는 이상적 통찰에 대한 합리적 설명이란 것도 있을 수 없게 될 것이다.[126]

각각의 현실적 계기는 그것으로부터 흘러나오는 창조성에 두 가지 방식으로, 한정된 특성을 부여한다. 한편으로 세계와의 복잡한 관계성을 향유하는 하나의 사실로서의 각각의 계기는, 창조성이 자신의 자유로운 충동이 낳게 될 새로운 결과와 융합할 수 있는—부분적으로 선하고 부분적으로 악한—토대를 제공한다. 다른 한편으로

---

126 이상적 형상, 창조성, 신은 상호 근거가 되며 이들의 상관관계에서 현실 세계가 설명된다. 그러나 동시에 신에 대한 온전한 설명은 이 현실 세계와의 관계 속에서만 가능하다. 왜냐하면 그의 결과적 본성은 현실 세계를 자기화한 것이기 때문이다. 더구나 신은 이 결과적 본성에 대한 반성에서 이상적 통찰을 확보하기 때문에 현실 세계를 도외시하고 신을 설명할 방법은 없게 된다.

신의 본성 속에서 변화된 것으로서의 각각의 계기에게는 또한 신의 통찰 속에 들어 있는 것으로서의 이상적 결과가 덧붙여진다.[127] 따라서 세계 안에 있는 신은 더 깊은 실재[128]에 이르는 통로에 대한 영원한 통찰이다.

127 완전한 의미의 신의 생성, 즉 결과적 본성과 원초적 본성의 융합 과정을 일컫는 말이다.

128 더 풍부한 가치 실현, 즉 더 고양된 가치 강도(value intensity)의 경험사건.

5절

결론
Conclusion

세계 속에서의 신의 역할에 힘입어 우리는 우리 자신의 이해관계와
관련하여 불편부당한 것으로 의식하는 목표를 향해 나아간다. 신은
우리의 판단이 존재의 사실을 넘어 존재의 가치로 확대될 수 있게
하는 삶의 요소이다. 신은 우리의 목적이 우리 자신을 위한 가치를
넘어 타자를 위한 가치로 확장될 수 있게 하는 요소이다. 또한 신은
타자를 위한 이런 가치의 달성 그 자체가 바로 우리 자신을 위한 가
치가 될 수 있게 하는 요소이다.

신은 세계 내에서 결속시키는 요소이다. 우리의 의식은 개별적이
지만 신의 의식은 보편적이다. 우리의 사랑은 부분적이지만 신의 사
랑은 모든 것을 포용한다. 신을 떠나서는 어떠한 세계도 존재할 수
없다. 왜냐하면 어떠한 개별성에 대한 조정도 있을 수 없기 때문이
다. 세계에서의 그의 목적은 질(quality)의 성취이다. 이런 신의 목적
은 세계의 현실적 상태에 관련된 특수한 이상으로 언제나 구현된다.

따라서 모든 성취는 지금의 세계 속에 있는 신에 다름 아닌 현실적인 이상들을 만들어 낸다는 점에서 불멸한다. 모든 행위 하나하나는 더 깊거나 더 희미한 신의 인상이 새겨진 세계를 남긴다. 그리고 이어서 신은 확대되거나 축소된 이상적 가치들을 제안하면서 세계와 자신과의 다음 관계로 이행한다.

신은 세계가 아니라, 세계에 대한 평가이다. 사건의 경로를 사상(捨象)하고 볼 경우 이러한 평가는 필수적인 형이상학적 작용이다. 그것을 떠나서는 성취에 필요한 그 어떤 특정한 결정적 제약도 있을 수 없게 될 것이다. 그러나 현실적 세계에서 신은 그 세계 속에 있는 현실적인 것과 그 세계를 위해 가능한 것을 서로 대면시킨다. 이런 방식으로 그는 모든 미결정성들을 해소한다.

시간의 추이는 현실적 사실 속에 새로운 관념들을 끌어안으려는 세계의 여정이다. 이 모험의 여정은 상향적일 수도 있고 하향적일 수도 있다. 상승을 멈춘 것은 모두 자신을 보존하는 데 실패하고 피할 수 없는 쇠퇴의 길로 접어들게 된다. 그것은 자신의 과거 역사를 구성하는 지각적 성취들을 새로운 형상들이 비옥하게 하는 데 실패하기 때문에 더 하찮은 현실태의 계기로 전환되어 쇠퇴하게 된다. 우주는 우리에게 두 가지 측면을 보여준다. 물리적으로 쇠약해지는 측면과 정신적으로 상승해 가는 측면이 그것이다.

이렇게 우주는 우리의 시간 척도로는 상상할 수 없을 만큼 느리게 새로운 창조적 상황으로 옮아가고 있다. 우리가 지금 알고 있는 물리적 우주는 이런 상황 가운데서 비존재와 거의 구별되지 않는 하나의 잔물결로 나타날 것이다.

세계 속에 현존하는 질서의 유형은 상상할 수 없을 만큼 먼 과거에 발생했으며, 또 상상할 수 없을 만큼 먼 미래에 사라질 것이다. 하지만 추상적 형상들의 무한한 영역과, 그 자신의 새로운 피조물들로 끊임없이 새롭게 결정되는 가변적인 특성을 지닌 창조성 및 모든 질서 형식의 토대가 되는 지혜를 지닌 신은 여전히 남아 있을 것이다.

찾아보기

용어 찾아보기

가치 10, 11, 15, 16, 18, 20, 22-25, 33,
　　34, 50, 55n, 64n, 70, 73-75n, 90,
　　91n, 97, 100n-102n, 117-120, 127,
　　138, 139, 144, 146, 159, 165-169,
　　171-174
개신교 162
개인주의 17, 18, 51
개체 10, 14, 16, 17, 25, 33, 63, 72, 73,
　　75, 77n, 101n, 104, 111n, 127n, 170n
개체성 14, 17, 25, 89, 101, 126
객관성 78, 98
게리짐 산 160, 161n
경험론 14, 103n
경험주의 119n, 147
고독 14, 16-19, 21, 24, 25, 33, 34, 37,
　　45, 46, 58n, 63, 72, 74, 101, 154
공동체 12, 18, 51, 54, 58, 73, 101, 108,
　　126n, 127, 151
공동체 종교 17, 19, 53-55, 57, 58, 82
공포 51, 86, 87
과학 22, 27, 36n, 43, 72, 87, 90, 96, 97,
　　102n, 103, 124, 135, 148n, 149, 157-
　　159, 161
교리 14, 22, 61, 65, 67, 72, 74, 81, 87,
　　88, 96, 97, 143-149, 154-156, 158n,

159-163
교설 21, 22, 24, 31-33, 46, 48, 66, 70,
　　76, 77, 81, 82, 84-86, 88, 90, 95,
　　143, 159, 162n, 164, 165
구약성서 63, 64
구체화작용 109
군중심리 33, 45
그리스 13, 34n, 39, 54, 77, 147, 148,
　　153, 157
그리스인 39, 54
근대 11, 14, 27, 39, 45, 49, 58, 64n, 77,
　　78, 85-87, 89, 90, 103, 104n, 137n,
　　146, 157, 158, 160, 161n
기독교 15, 50, 58, 59, 65-67, 70, 76,
　　79, 84-86, 148, 156, 157, 160, 162
나일 강 46
내면 16, 17, 25, 32n, 33, 37, 72
내재 34n, 65, 66, 73n, 75, 80, 81, 85,
　　91n, 100n, 105n, 106n, 109n, 111n,
　　115-117, 122, 130, 164, 170n
내적 삶 33, 72, 115
느낌 37, 90, 117-120, 131, 135, 165,
　　166
느낌가치 120, 165, 166
단위존재(또는 단위사건) 48n, 90n, 107,
　　108, 118
대비 55, 57, 65, 75, 76, 100n, 102n,
　　104n, 114, 116, 119n, 131n, 135-
　　139n, 147
데살로니가후서 87

도덕 8, 15, 16, 58, 64n, 65, 68, 73n, 111-116, 121, 139, 156, 157, 163
동물 38, 40, 42, 128, 152
동아시아 81, 82
로고스 84
로마 57, 58, 77, 148, 163
로마 가톨릭 교회 77
르네상스 162n, 163
마술 43
물리(과)학 72, 87, 127n, 146, 159
미국 46, 148, 157
미적 경험 73n, 121, 134, 135
믿음 13, 16, 17, 19, 31-33, 36, 37, 41, 43, 44, 47, 48, 53, 72, 76, 95-97, 128, 129, 159
바빌론 54, 161n
범신론 82
보편성(또는 일반성) 11, 50, 58, 63, 75n, 110n, 152, 155
보편 종교 59
복음 65, 86, 87, 155
복음서 46, 66, 84
불교 47, 58, 59, 65, 66, 67, 70, 76, 156, 157, 160
비시간적 104, 106, 111
비존재 134, 174
사교 40, 45, 50
사회 14, 16-19, 21, 25, 33, 40, 44, 48, 50, 53-55, 57, 58, 63, 64, 86, 99, 114, 125-128n, 154

사회의식 19, 55, 63
사회적 현상으로서의 종교 40, 44
산술 31, 32, 79, 89n, 144
삶의 질 10, 22, 26, 90
생물학 39, 99, 103n, 134n
선(善) 12, 16, 34, 47n, 51, 55, 64, 67, 70, 73n, 83, 99, 100, 113-115, 167-169, 171
성서 21, 46, 48, 51, 54, 63, 67, 85
성서외전 67
성품 16, 33, 34, 75n
세계의식 19, 55, 57
셈족 81, 82, 84-86, 89
솔로몬의 지혜서 67
수학 32n, 77n, 145, 146
숭배 43, 51, 69, 162
시간적 90, 104-109, 111, 112, 115-117, 119, 125, 126n, 127n, 167, 170, 171
시종일관한 삶의 배열 20, 47
시편 69, 96
신 12, 13, 25, 34, 37, 40, 43, 44, 55, 64, 65, 69, 76-79, 81-91, 98-100n, 106-112, 115-117, 120-125, 129, 133n, 139, 148, 156, 164-175
신앙 8, 24, 33, 34, 48, 51, 57, 97, 162n
신약성서 85
신학 48, 54, 76, 79, 82, 83, 85, 87, 90, 151, 156, 157, 162n, 170n
신화 17, 41-44, 48, 50, 133n

실재성 82, 139

실체 104n, 123-127n, 137n, 157, 159

심리학 33, 78, 79, 143

아라랏 산 160

아시아 45, 81, 82

아테네 153

아티카 39

악(惡) 14-16, 34, 55n, 64-67, 70, 73n, 76, 88, 99, 100, 112-116, 139, 168-171

알렉산드리아 교회 162

야훼 51

언어 20, 49, 50, 70, 80, 88, 145, 146, 159

여건 23, 76n, 90n, 91n, 96, 99n, 102n, 105n, 106n, 109n, 112n, 119n, 137n, 138n

연극 39

영국 153

영웅 43, 163

영혼 37, 77n, 96, 121n, 156, 162n

예루살렘 160, 161n

예술 39, 102n, 146, 150, 161

예언자 21, 46, 68

예증(가능성) 24, 103

올림픽 경기 39

외교술 55

용기 64, 65, 69

우주론 95n, 102n, 103n, 121n, 125n, 157

유교 76

유기체 9, 39, 103n, 118n, 135, 137n

유대 민족(또는 유대인) 46, 54, 58, 68, 70, 161n

유럽 38, 45, 46, 50, 89, 101n, 157

이상적 형상(또는 영원한 객체들) 99n, 100n, 105, 106n, 109-112n, 119n, 125, 127n, 128n, 131-133, 136, 138n, 139n, 165-168, 170n, 171

이성 20, 24, 25, 57, 78, 79, 88, 121n

이슬람교 47, 59, 82

이집트 85, 145

이행 99, 108, 109n, 131, 136, 166, 167, 174

인격신 76, 98

인도 55, 76

인식가치 138

일원론 82

자기관심 117

자비 15, 49, 51

자연 13, 14, 20, 64n, 77, 89n, 100, 103n, 114n, 121, 132n, 133n

잠언 67, 86

전도서 67, 68

전지 85, 167

정당성 8, 19, 55, 74-77, 79, 80n, 88, 96, 97n

정당화 16, 31, 32, 46, 51, 53, 57, 68, 96, 97n, 155

정서 13-15, 17, 24, 25, 33, 36-43, 53,

57, 64, 65, 68, 69, 74, 78, 88, 95, 117, 144, 145, 163

정합성 24, 78, 103

제의 17, 19, 34, 36-44, 47, 48, 57

존재론적 증명 83, 121n

종교 개혁 51, 162n, 163n, 164

종교적 경험 7n, 9-11, 19, 24, 25, 34, 72, 74, 75, 78, 98, 103, 143, 154

종파 44, 57, 77

중국 51, 55, 76

지각작용 118, 119, 126, 130, 131n, 167, 171

진리 16, 20, 21, 23, 26, 31-33, 42, 44, 47, 68, 72, 76, 77n, 79, 87, 88, 90, 139, 141-149, 155, 158, 160, 161, 164

진실성 16, 33, 146, 154

진화 20, 33, 44, 51, 152, 170

질서 22, 27, 75n, 77n, 81, 99n, 111-113, 115, 120-122, 127n, 130, 131, 139, 150, 159, 165, 170, 175

집단 히스테리 78

집회서 67

창조성 105-109, 111n, 113, 118, 125n, 130, 138, 139, 165-167, 170n, 171, 175

천국 51, 84, 99, 100, 168, 169

천주교 162

철학 7, 9-11, 13, 20, 26, 34n, 64n, 76, 77, 82, 83, 90n, 102n-108n, 119n,

123-127n, 132, 133n, 134n, 137n, 145, 147, 148, 157, 158, 160, 163

초월 14, 35, 82, 83, 90, 91n, 98, 100, 101n, 105n, 106n, 115, 168, 170

추이 8, 19, 66, 99, 100n, 105, 116, 119, 132, 174

충분성 24, 103, 112

티그리스 강 46

파피루스 85

페르시아 39, 82

프랑스 51

피조물 106n, 108-112, 119, 120, 124, 127, 139, 162n, 168, 169, 175

합리성 7, 19, 21, 41

합리적 종교 19, 20, 21, 24, 25, 47-49, 54, 57, 58, 63, 67, 68, 72, 77, 79, 88, 89, 107, 158

합리주의 42, 45, 46, 50, 57, 64, 71, 97, 103,

합리화 19, 22, 24-26, 36, 37, 46, 55, 70, 79, 82, 150

현상 7, 8, 23, 40, 44, 64n, 82, 103n, 125, 157, 158

현실 세계 73, 75, 81-83, 91n, 99n-101, 104-108, 112n, 118n, 121-123, 126, 131-133n, 138, 139n, 166n, 169, 171, 174

현실적 계기 48n, 90n, 99n-101n, 104n-111n, 116n, 118n, 119, 125-127n, 130n, 131n, 133n, 136n-138n,

165n, 166n, 171

현실적 사실 11, 83, 131, 132, 135, 165,
166, 170, 171, 174

현실적 존재 48n, 99n, 101, 105n, 106,
109, 111n, 112, 115-119, 125, 138n,
166n, 170n

형성 작인 43

형성적 요소 104-107, 109n, 116, 120,
125n, 152n, 167, 170

형이상학 10, 21-26, 36n, 47, 48, 50,
65, 66, 81-84, 86, 89-91n, 95-98,
100n, 102-110, 112, 121, 123, 126,
128, 148n, 157, 164, 165, 174

획기적 계기 107-110, 117, 118

힌두교 76

『과정과 실재』 48n, 76n, 95n, 99n,
106n, 125n

『과학과 근대 세계』 11, 27, 103

『단자론』 64n

『스콜라 철학 교본』 83

『철학원리』 124

『티마이오스』 125n

인명 찾아보기

괴테 153

그리스도 37, 53, 66, 70, 71, 84, 85, 87,
114n, 156, 162n

뉴턴 145

니체 15

단테 153

데카르트 83, 123, 124, 126

라이프니츠 64n, 108n, 145

레오 10세 163

로스미니 77

마르크스 15-16

마호메트 37

메르시에 83

버클리 124

부처(또는 붓다) 37, 66, 70, 156

사도 바울 54, 85, 87, 162

성 요한 84, 85, 87, 162n

셰익스피어 153

소크라테스 153

스피노자 125n

아리스토텔레스 54, 104n, 105n, 134,
157

아모스 51

아브라함 54

아우구스투스 황제 58

아퀴나스 77, 83

아테나이오스 39

안셀무스 83

알렉산더, S. 132, 133
에라스무스 162, 163
에멧, D. 133
오리겐 162
유클리드 145
칸트 83, 121
크세노폰 54
투키디데스 54

프로메테우스 37
프로이트 14-16
플라톤 13, 54, 85, 105n, 125, 134n, 157
피타고라스 77, 145
헤겔 77n, 125n, 134n
헤로도토스 54
호세아 51
홉스 124

지은이 **알프레드 노스 화이트헤드** Alfred North Whitehead, 1861~1947

20세기를 대표하는 철학자 가운데 한 사람이다. 케임브리지 대학에서 수학을 전공한 후 런던 대학에서 응용수학 및 이론물리학 교수, 미국 하버드 대학에서 철학 교수를 역임하였다. 초기에는 수리논리학을 연구했으며, 버트런드 러셀과 함께 『수학 원리』를 저술해 20세기 수리논리학 발전에 큰 공헌을 했다. 이후 현대 물리학에 대한 철학적 고찰의 길로 나아가 『자연의 개념』 『상대성 원리』 등을 집필했다. 63세에 미국으로 이주하여 『과학과 근대세계』 『과정과 실재』 『관념의 모험』 등 주요 철학 저작을 발표하며 '유기체 철학'이라 불리는 독자적인 사상을 전개하였다.

이 책 『종교란 무엇인가』는 종교에 관한 그의 강의를 엮은 것으로, 『과학과 근대세계』와 짝을 이룬다. 화이트헤드는 인간이 종교와 맺어온 관계를 되돌아보며 종교가 인간의 고독 및 내면 형성과 떨어질 수 없는 관계임을 통찰한다. 또한 종교가 끊임없이 변천한다는 사실을 지적하며 열린 종교의 필요성을 주장하는 그의 생각은 오늘날에도 시사하는 바가 크다.

옮긴이 **문창옥**

연세대학교 철학과 교수. 연세대 철학과를 졸업하고 같은 학교 대학원에서 화이트헤드의 과정철학에 관한 연구로 박사학위를 받았다. 저서로 『화이트헤드 과정철학의 이해』 『화이트헤드 철학의 모험』 『화이트헤드 철학 읽기』 등이 있으며, 역서로 『상징활동 그 의미와 효과』 『사고의 양태』(공역) 등이 있다.